GUISCRIFF.

IMPRIMERIE-LIBRAIRIE DE G.-A. DENTU,
rue d'Erfurth, n° 1 bis.

GUISCRIFF.

SCÈNES DE LA TERREUR

DANS UNE PAROISSE BRETONNE.

PRÉCÉDÉ D'UNE NOTICE HISTORIQUE

sur la chouannerie.

> O wretched state! o bosom black as death!
> SHAKESPEARE, *Hamlet.* 3.

PARIS

G.-A. DENTU, IMPRIMEUR-LIBRAIRE
rue d'Erfurth, n° 1 bis;
ET PALAIS-ROYAL, GALERIE VITRÉE.

*

1835

On doit dire un mot sur l'origine de ce petit ouvrage, dans lequel un fait historique sert de base à un développement psychologique assez neuf peut-être, l'altération gra-

a

duelle de l'esprit sacerdotal par suite d'une première faute.

Dans les premières années de sa jeunesse, l'auteur, atteint par la *scottomanie* universelle, avait esquissé le plan d'une histoire pittoresque des guerres civiles de l'Ouest : il voulait mettre en regard l'inaltérable puissance du sentiment religieux, soulevant les populations les plus pacifiques de France, et l'ardeur des espérances plébéiennes marchant à la conquête d'un avenir inconnu. Dans ce plan, aux grandes figures de la Vendée militaire, à celles plus originales encore de la chouannerie morbihannaise, se trouvaient mêlées les figures de ces soldats que la victoire allait faire grands; et au-dessus se dessinait, comme une silhouette au long profil, l'antique physionomie de Hoche, type le plus pur des idées de 92, dans lequel il y avait l'étoffe du premier consul sans l'ambition de l'empereur.

Mais l'écrivain ne tarda pas à pénétrer la partie faible du roman historique, où l'histoire nuit à la fable autant que la fable à l'histoire; puis, en avançant dans la vie, il comprit que les choses sérieuses voulaient être traitées sérieusement; que nos jours étaient trop pleins de tristesse et de gravité pour qu'il fût loisible de se jouer dans des fantaisies littéraires, et de distiller une liqueur de poésie avec des larmes et du sang tièdes encore.

Après avoir réuni de nombreux matériaux, l'auteur abandonna donc un travail dont il ne publie qu'un épisode. Le cadre de sa vaste épopée historique s'est rétréci aux proportions d'une église de campagne et d'un pauvre village bien obscur et bien ignoré.

Si l'écrivain n'a pas tracé le tableau de la nationalité armoricaine, il croit du moins en présenter un croquis fidèle. Il n'est pas un sentiment qui n'ait traversé l'âme de ses personnages avant d'arriver jusqu'à lui.

Il s'est complu à étaler, jusque dans

ses exubérances, la foi simple des premiers âges. Rien n'est, en effet, plus rafraîchissant que le spectacle de la foi populaire pour un siècle tout courbé sous le poids de son scepticisme, et qui traîne après lui, comme l'homme de Bossuet, la longue chaîne de ses espérances trompées.

Du reste, en essayant le développement dramatique des idées et des sentimens chrétiens en ce qu'ils ont de plus intime, on ne fait que devancer l'avenir. Le culte stérile de l'art et de la forme est déjà passé, et l'on se détourne avec dégoût de ces masques de carton que des fabricans littéraires donnent impudemment pour des hommes. Les créations du caprice n'ont qu'un jour, la vérité seule fait les œuvres immortelles. Or, le christianisme est la vérité dans les sentimens du cœur, comme il est la vérité dans les doctrines de l'humanité.

NOTICE HISTORIQUE

SUR LA CHOUANNERIE.

Le souvenir des chouans ne rappelle d'ordinaire que des rencontres de chemins creux, que des combats où le courage était moins nécessaire que l'adresse; et tandis que l'on exalte à l'envi l'héroïsme de la Vendée, ses combats de géans et ses défaites aussi glorieuses que des victoires, l'on méconnaît le vaste plan qui lia les opérations de la chouannerie, et l'on ignore de quels imminens dangers cette longue guerre menaça la république. La Convention et le Directoire ne s'y trompèrent pas : ils crurent toujours, avec le général Hoche, que « l'insurrection de la rive droite de la Loire était bien autrement redoutable que n'avait pu l'être celle de la rive gauche. »

En sortant de son lit, le torrent vendéen se brisa contre d'assez faibles digues ; et les désastres de Granville et de Savenay ne laissèrent guère à la Vendée que la stérile renommée de sa gloire. Si elle se releva un moment sous Charette, et, en 1799, sous d'Autichamp et Sapinaud, ce ne fut qu'en s'appuyant sur l'insurrection chouanne, désormais plus redoutable qu'elle. La chouannerie a mis cent mille hommes sous les armes; elle a envahi la Bretagne, l'Anjou, le Maine, une grande partie de la Normandie; elle a eu des postes avancés jusqu'aux portes de Paris : pendant cinq ans, elle a soustrait la plupart des départemens de l'Ouest à l'action du pouvoir central; elle a signé des traités comme puissance indépendante; et si ses efforts avaient été dirigés avec une énergique habileté; si la présence d'un Bourbon, toujours vainement implorée, avait fait cesser les rivalités de ses chefs, elle aurait pu, en 1794, en 1796 et en 1799, sinon renverser le gouvernement républicain, du moins lui arracher deux ou trois provinces, et peut-être y proclamer la royauté. Un exposé rapide des évènemens va nous mettre en mesure de l'établir.

VIII

La mort du marquis de la Rouarie n'avait pas coupé tous les fils de la coalition dont il fut le premier chef. Dès la fin de 92, les persécutions religieuses, les réquisitions et les levées militaires avaient mis les armes à la main à de nombreuses bandes de paysans manceaux. Plusieurs communes de la Mayenne étaient soulevées, et la rébellion s'étendit d'autant plus facilement dans ce quartier, qu'une vie de dangers et d'aventures était vieille habitude pour cette population de *faux-saulniers,* toujours armés pour la contrebande du sel sur la frontière de Bretagne, et depuis long-temps aguerris par leurs combats contre les *gabeloux.* La famille Cottereau fournit des chefs à ces premiers insurgés, et le sobriquet de *chouan,* que portaient les quatre frères Cottereau, avant les évènemens destinés à les faire sortir de leur obscurité, devint la dénomination d'un parti qui, bientôt, s'étendit sur plusieurs provinces et compta cinq armées.

Jean Chouan, le plus célèbre d'entre eux, avait été condamné comme contrebandier dans sa jeunesse, et n'avait dû la vie qu'au dévouement de sa pauvre mère, qui avait quitté le Bas-Maine et fait soixante-dix lieues à pied pour implorer la pitié du roi.

Le bois de Misdon, la forêt de Fougères, celle du Pertre sur la lisière de la Bretagne, tels furent les théâtres des premiers combats des insurgés conduits par Jean Chouan et ses frères, par Treton, dit *Jambe d'argent,* par Tristan-Lhermite, Taillefer, Coquereau et nombre d'autres. Une sorte de terrier creusé dans le bois de Misdon fut le premier quartier-général de la chouannerie; c'était de là que les compagnons des frères Chouan s'élançaient de nuit pour surprendre les garnisons des petits bourgs, désarmer les gardes nationales et démonter les ordonnances.

Bientôt au fond de leur retraite le bruit du canon retentit : c'était la grande armée vendéenne qui marchait sur Laval. Les chouans se réunirent à l'armée catholique, et y formèrent un corps distinct sous le titre de *Petite-Vendée* et le commandement immédiat du prince de Talmont. Ils prirent part à tous ses combats, et succombèrent avec elle. Rentrés dans leurs retraites, ils continuèrent la guerre de broussailles, qu'ils entendaient si bien, et qui les laissait à peu près maîtres de la campagne : redoutables ennemis, présens partout et visibles nulle part.

Les causes qui avaient soulevé contre

le régime révolutionnaire la religieuse population du Bas-Maine ne tardèrent pas à faire fermenter les départemens de la Bretagne. Pendant que les frères Chouan tenaient la route de Laval à Rennes, que le jeune Dubois-Guy organisait une troupe aux environs de Fougères, Pallierne et le chevalier de Magnan insurgeaient la partie du pays nantais située sur la rive droite de la Loire, et le mouvement s'étendait avec rapidité dans tout le Morbihan, sous la direction des comtes de la Bourdonnaye et de Boulainvilliers, du comte et du chevalier de Silz.

Bientôt ceux-ci furent éclipsés par Georges Cadoudal, homme d'audace et de ressource, partisan aussi habile qu'infatigable, véritable représentant de cette insurrection toute religieuse et toute populaire, dans laquelle l'ascendant nobiliaire était destiné à s'affaiblir chaque jour sous l'influence sacerdotale et les mœurs démocratiques de ces vigoureuses populations rurales.

Un homme manquait pour donner de l'unité à ces insurrections partielles, pour en devenir le lien et le suprême moteur. Ce rôle échut à un chef qui n'avait qu'une partie des grandes qualités requises pour le remplir. Le comte Joseph de Puisaye, gentilhomme du Perche, ancien membre de l'Assemblée constituante, et l'un des chefs de la fédération normande sous le général Wimpfen, errait en Bretagne depuis plusieurs mois, sous le coup d'un arrêt de mort. Étranger à cette province, où il n'avait pas un lieu pour reposer sa tête en sûreté, inconnu des populations auxquelles ses opinions semi-constitutionnelles et ses habitudes, plus diplomatiques que militaires, devaient inspirer du repoussement, il osa concevoir le projet de devenir chef de l'insurrection.

Il fut sans doute doué de qualités bien peu communes, l'homme qui parvint en peu de temps, par le seul ascendant d'un génie fertile en ressources, à s'imposer comme modérateur à un parti, et à plier sous le joug de la discipline les deux classes qui la supportent le moins facilement, des paysans et des gentilshommes. Si cet homme avait uni l'audace de l'action à celle de la pensée; s'il avait manifesté en combattant à la tête des siens une bravoure dont il n'était pas dépourvu, mais qu'il n'employa guère que pour échapper à des dangers personnels; s'il n'avait pas conduit la guerre civile comme une intrigue de cabinet, et qu'il eût su imposer aux masses cette confiance qu'il était si habile à inspirer aux hommes d'Etat, d'impérissables souvenirs s'attacheraient à son nom.

Puisaye comprit la haute importance des mouvemens de l'Ouest, dont les suites pouvaient être incalculables, si l'Angleterre consentait à les seconder activement. Avant d'avoir été reconnu comme commandant en chef par les divisions royalistes, il avait rédigé, de concert avec l'abbé de Legge, un code complet destiné à régler l'organisation civile et militaire de la chouannerie : à mesure que son autorité s'étendit, il fit adopter ce règlement par tous les insurgés.

Ce fut d'abord dans les environs de Vitré que Puisaye établit son quartier-général. Il y vit bientôt affluer nombre de chefs vendéens échappés aux massacres qui suivirent la défaite de leur armée. Il se composa ainsi un état-major grossi très-promptement d'émigrés accourus pour combattre à l'intérieur. Puis, après se les être attachés, il les envoyait aux diverses divisions royalistes, étendant ainsi chaque jour son autorité et son influence.

Il parvint, par l'intermédiaire de Prigent, agent dévoué et infatigable, à établir une correspondance suivie avec l'Angleterre par la voie de Jersey ; il reçut dès cette époque du ministère britannique quelques subsides qui le mirent en mesure d'alimenter la guerre, et dont la répartition lui permit de se présenter comme le chef reconnu par le gouvernement anglais. Ce fut ainsi qu'il réussit à grandir en importance et à s'imposer aux siens, en même temps qu'il commençait à faire redouter son nom des républicains.

Puisaye déploya une habileté vraiment prodigieuse dans cette organisation si difficile. Il parvint à se faire considérer comme nécessaire par ceux-là mêmes auxquels sa personne était inconnue, et chez qui ses lumières, son génie souple et ambitieux eussent excité plus de repoussement que de sympathie.

C'était au moment où la Convention, après ses victoires sur la Vendée, songeait à employer contre l'Angleterre l'armée des côtes de Brest et de Cherbourg. Le cri de *delenda Carthago!* retentissait dans tous les clubs, et l'Assemblée, qui avait déclaré le gouvernement britannique coupable de *lèse-humanité*, applaudissait à Barrère demandant qu'il n'y eût plus de droit public pour les prisonniers anglais. De nombreux rassemblemens militaires s'opéraient sur la côte de Saint-Malo; mais la crainte d'une défaite, les mauvaises dispositions de l'armée expéditionnaire et les tentatives de plus en plus menaçantes des chouans firent renoncer à une entreprise que le comité de salut public regarda comme téméraire. Cependant Puisaye, dont les forces grossissaient chaque jour, se crut en mesure de surprendre la ville de Rennes avec sept ou huit mille hommes. Il échoua dans cette tentative; mais elle fut jugée audacieuse par ses amis, dangereuse par ses adversaires; et un chef de parti ne tire sa force que de la terreur qu'il imprime aux uns et de la confiance qu'il inspire aux autres.

Ne pouvant tenir aux environs de Rennes, il se dirigea sur le Morbihan, dont il connaissait les dispositions et les ressources, et qu'il aspirait à engager plus activement dans l'insurrection. De nombreuses colonnes détachées de toutes parts contre lui ne purent l'empêcher d'y pénétrer; et ses soldats reçurent un accueil fraternel de cette population morbihannaise d'un royalisme si ardent, d'une constitution si guerrière : population admirable de dévouement à ses croyances, d'abnégation et de courage, où l'on peut observer aujourd'hui les derniers restes d'un esprit qui n'est plus et d'une ardeur qui s'éteint.

Mais bientôt la présence de Puisaye étant devenue nécessaire dans la Haute-Bretagne, il tenta une trouée à travers l'Ile-et-Vilaine : sa troupe fut écrasée près de Rennes; la plupart de ses officiers furent tués à ses côtés, et lui-même n'échappa que par la fuite, et sous un costume étranger, à une mort certaine. Après des fatigues inouïes, il parvint à gagner les environs de Redon, où il se fit reconnaître de quelques divisions éparses qu'il organisa, regardant l'affermissement et l'extension de son autorité comme une compensation de sa défaite.

Cependant, menacé par les démonstrations des troupes républicaines, le cabinet de Saint-James comprenait la nécessité de seconder plus efficacement une insurrection qui opérait en sa faveur une diversion si puissante. Dans les premiers jours d'avril 1794, Pitt déclara au parlement que Sa Majesté britannique, décidée à seconder les efforts des royalistes français, allait prendre à sa solde quatre régimens d'émigrés.

Cette déclaration augmenta rapidement le nombre des insurgés. Dans le Morbihan, Georges et le jeune Lemercier, dit *La Vendée,* avaient déjà dix mille combattans, et plus de vingt mille paysans attendaient des armes ; le pays situé entre la Loire et la Vilaine s'insurgeait sous les ordres du vicomte de Scépeaux, qui parvint à établir dans son armée une organisation forte et régulière ; l'Anjou et le Maine tout entiers étaient en feu ; au midi s'étendait la redoutable Vendée, au nord la Normandie, où de nombreuses bandes avaient déjà paru.

Ce fut à cette époque que Puisaye entra en communications régulières avec l'Angleterre, et qu'il parvint à se faire l'intermédiaire des princes émigrés avec les chefs royalistes : des circonstances dont il sut tirer parti avec habileté lui donnèrent dès lors une prééminence et une autorité incontestée.

Il régnait une grande incertitude dans les plans du cabinet britannique, fort peu au courant de la véritable situation des pays soulevés : obsédé de conseils absurdes, trompé par des promesses et des fanfaronnades ridicules, il hésitait à s'engager dans une entreprise sérieuse. Chaque comité d'émigrés présentait des vues qui jamais ne concordaient entre elles. M. Pitt avait Coblentz sous les yeux, et ne voulait pas courir les risques d'une retraite de Champagne. Ce fut alors que, d'après les conseils du chevalier de Tinténiac, arrivé d'Angleterre, Puisaye conçut le projet de se rendre à Londres pour éclairer et activer la bonne volonté du gouvernement britannique. Avant de partir, il prescrivit une organisation uniforme aux bandes qui reconnaissaient son autorité.

Chaque département forma plusieurs divisions aux ordres d'un chef avec rang de maréchal de camp, qui eut sous lui des chefs divisionnaires. Après ceux-ci venaient les chefs de canton et de paroisse. Chaque division eut un conseil composé de prêtres et de laïcs; des aumôniers furent attachés à tous les corps; une comptabilité régulière fut organisée; tout, en un mot, fut disposé pour donner les formes et l'esprit militaire à ce qu'on n'avait pu regarder jusque-là que comme des rassemblemens de partisans.

En quittant son armée, Puisaye y laissa comme major-général Désoteux de Cormatin, qui lui avait été expédié d'Angleterre avec les recommandations les plus pressantes. Cet aventurier, d'un esprit souple et délié, parut seconder tous les plans de Puisaye, alors qu'il ne songeait qu'à gagner sa confiance pour le supplanter et pour élever sa fortune sur les débris de celle du promoteur de l'insurrection. Celui-ci cependant, plein de confiance dans la sagesse de ses mesures et dans le dévouement de son major-général, s'était rendu secrètement à

Londres, où il ne tarda pas à triompher des obstacles que les émigrés opposèrent aux démarches de l'homme qui n'était à leurs yeux qu'un révolutionnaire déguisé. Il se lia étroitement avec le comte de Botherel, ancien procureur-syndic des Etats de Bretagne, auquel le comte d'Artois accordait alors une confiance dont Puisaye sut profiter.

M. de Botherel se fit auprès du prince l'apologiste de la personne, des plans et des talens du comte de Puisaye; il détermina Son Altesse Royale à seconder elle-même les démarches tentées auprès du gouvernement anglais. Reçu d'abord par les ministres avec quelque froideur, le chef de l'insurrection bretonne avait promptement réussi à capter leur confiance et à leur faire accepter tous ses plans. Pitt et Windham s'abandonnèrent bientôt sans réserve à l'homme qui savait si bien faire valoir le passé, et qui promettait tant pour l'avenir. Les arsenaux de la Grande-Bretagne lui furent ouverts; trois millions lui furent comptés pour son organisation provisoire; enfin, Puisaye concerta avec les deux ministres l'expédition de Quiberon, dont il traça le plan. Cette expédition se préparait en silence; plus de 20 millions y étaient consacrés; une flotte imposante et des corps d'émigrés à la solde de l'Angleterre allaient seconder le soulèvement universel des provinces de l'Ouest. Mais pendant que Puisaye s'applaudissait d'avoir, par le seul fait de sa présence, obtenu de tels résultats, son éloignement faillit détruire en Bretagne l'œuvre qu'il avait si péniblement organisée.

Au lieu de se borner à harrasser l'ennemi par des surprises isolées, à jeter la terreur dans les villes et à propager l'insurrection dans les campagnes sans rien tenter d'important, ainsi qu'il en avait reçu l'ordre, Cormatin, pressé par Hoche, depuis peu appelé au commandement en chef des troupes républicaines, ambitieux d'ailleurs d'un rôle plus éclatant, entreprit de se porter médiateur entre la chouannerie et la république, et signa une suspension d'armes que suivit de près la pacification de la Mabilais.

Pour les partis, transiger, c'est mourir; or, les royalistes n'en étaient pas à s'avouer vaincus. Quelque habiles que fussent les dispositions de Hoche, rien ne nécessitait une mesure qu'on ne savait point expliquer par des motifs honorables. Jamais la chouannerie n'avait acquis plus de développemens, jamais on ne put compter avec plus de certitude sur les secours de l'Angleterre; ajoutons que la réaction opérée dans le gouvernment et dans l'opinion publique, après le 9 thermidor, prêtait au parti royaliste une grande force morale.

En de telles circonstances, que devait faire Cormatin? Suivre à la lettre ses instructions, se tenir sur la défensive et attendre de prochains évènemens. Mais d'autres vues le dirigèrent. Charette, éprouvant le besoin de laisser respirer la Vendée, accablée sous ses ruines, avait signé la convention de la Jaunais; Stofflet avait aussi déposé les armes: tels furent les motifs sur lesquels s'appuya Cormatin pour négocier une pacification que son parti ne lui pardonna pas. Cent vingt chefs de chouans s'étaient rendus aux conférences de la Prévalais; la plupart voulaient continuer la guerre ou ne signer qu'une trève à court délai; mais le major-général supposa des pleins-pouvoirs qui ne lui avaient jamais été donnés, et vingt-un chefs adhérèrent au traité par lequel Cormatin, au nom de l'armée royale, reconnaissait la république française et promettait soumission à ses lois sous les conditions suivantes :

Les chouans étaient mis à l'abri de toute recherche; le séquestre établi sur leurs biens était levé, encore que les propriétaires fussent prévenus d'émigration; le libre exercice du culte catholique était pleinement garanti; la république s'engageait à payer les bons signés par les chefs des insurgés jusqu'à concurrence d'un million et demi; les chouans étaient dispensés des lois relatives aux réquisitions militaires; des indemnités étaient accordées aux victimes de la guerre; enfin, un corps de deux mille paysans, aux ordres de chefs élus par eux seuls, devait être entretenu aux frais du trésor national sur le territoire insurgé, sans pouvoir recevoir une autre destination.

Quelque opinion qu'on puisse avoir sur la convenance politique du traité de la Mabilais et la conduite des chefs qui le signèrent, on ne peut s'empêcher de reconnaître que ce fut un grand spectacle que celui de ces paysans imposant des lois à la puissante république qui venait de vaincre sur le Rhin et de conquérir la Hollande. On a dit que des stipulations secrètes relatives au rétablissement de la royauté furent consenties à la Mabilais par les représentans du peuple qui négocièrent la convention; ce fut même à l'aide de cette assertion que Cormatin fit accepter le traité à plusieurs divisions royalistes dont les chefs s'étaient refusés à le signer; mais aucun des documens publiés depuis en si grand nombre n'est venu confirmer l'existence d'engagemens qui d'ailleurs n'auraient été qu'individuels.

Mais ce traité, arraché à quelques-uns par la lassitude du moment, à la plupart par l'espérance qu'il servirait plus efficacement leurs vues, était à peine destiné à recevoir un commencement d'exécution. Dans les discordes civiles, il n'y a de transactions véritables que celles imposées par le temps et l'expérience, et les partis ne font de concessions sincères qu'autant qu'ils désespèrent de la victoire. Or, les royalistes n'en étaient pas là en 1795. Jamais leurs espérances ne leur semblèrent d'une réalisation plus prochaine. Aussi la guerre continua-t-elle à peu près sur tous les points, moins patente peut-être, mais plus cruelle.

La correspondance avec l'Angleterre redoubla d'activité, par suite de la pacification que les autorités locales s'efforçaient de maintenir. Cette correspondance, surprise par Hoche, ne tarda pas à donner des preuves nombreuses des intentions hostiles de l'émigration et de la mauvaise foi de la plupart des signataires, lesquels se vantaient à Londres d'avoir paru adhérer à la pacification, en la présentant comme le plus sûr moyen d'organiser la Bretagne et de faciliter le succès de l'expédition projetée.

Dans cette situation, Hoche, malgré ses vœux ardens pour la paix et la modération de sa conduite, se crut obligé de faire arrêter Cormatin et son état-major, qui continuaient à se tenir sur un pied de guerre. Le quartier-général, établi au château de Cicé, près de Rennes, fut investi et forcé; la correspondance des chefs royalistes avec Puisaye et l'Angleterre fut saisie et livrée aux commentaires de la presse.

La reprise des hostilités fut signalée de la part des républicains par un redoublement d'énergie. Le comte de Silz fut tué dans le Morbihan, à l'affaire de Grandchamp, où Georges déploya une audace et une intelligence qui sauvèrent les débris de la division royaliste. Boishardi succomba au château de Villehemet, et sa tête sanglante fut portée au bout d'une pique dans les rues de Lamballe; mais en même temps, et comme pour prouver que l'insurrection renaissait de ses cendres, le mouvement de la Normandie s'étendait formidable, sous la direction du comte Louis de Frotté, des rochers de la Manche aux plaines d'Alençon; les campagnes de l'Anjou et du Maine étaient tout entières soulevées, et les républicains se réfugiaient derrière les murailles des villes, comme les tyrans féodaux d'une autre époque; la Vendée avait deux armées intactes d'environ trente mille hommes, qui n'aspiraient qu'à recommencer la guerre.

C'était sur cette province que se portaient les préoccupations publiques; mais le sort de la cause royaliste devait se décider ailleurs. L'expédition, si long-temps différée, s'exécutait enfin, et d'heureux commencemens étaient loin de faire pressentir la catastrophe où devaient s'abîmer tant d'espérances. Le 27 juin 1795, l'amiral Waren, après avoir battu la flotte française, débarqua sur la plage de Carnac quatre régimens d'émigrés et un matériel immense. La population qui couvrait le rivage demanda et obtint des armes, et l'organisation de nombreux corps royalistes s'opéra avec rapidité.

XXXIII

Mais la discorde régnait dans les conseils de l'armée, et l'hésitation du comte d'Hervilly, commandant les troupes à la solde d'Angleterre, ôta à cette expédition le caractère prompt et décidé qu'elle devait avoir, pour lui faire prendre celui d'une campagne conduite d'après les règles de la stratégie.

Après avoir perdu plusieurs jours dont il eût fallu profiter pour pénétrer dans l'intérieur, rallier les divisions royalistes, écraser les détachemens épars de l'ennemi terrifié, on se décida à s'emparer de la presqu'île de Quiberon, pour s'assurer un point militaire, et surtout un moyen de retraite. Dès ce moment le sort de l'expédition fut décidé.

Hoche, revenu d'une première surprise, fit face à tout avec le calme et la confiance du génie : il rallia ses forces, reçut des renforts, et traça ses lignes de circonvallation autour de la presqu'île, sans qu'on se mît en mesure de l'en empêcher. Tout fut bientôt disposé pour une attaque générale; et ce fut alors seulement que les émigrés, inquiets enfin de leur situation, se décidèrent à entreprendre un mouvement sur le front de l'ennemi. Il fut ordonné par d'Hervilly, sans attendre le débarquement d'une division conduite par le comte de Sombreuil, soit que d'Hervilly jugeât une prompte attaque indispensable, soit qu'il ne voulût pas partager avec un autre chef une victoire qu'il croyait assurée. L'attaque commença de nuit; elle échoua, malgré des prodiges de valeur.

Ramenés à la baïonnette jusqu'au pied du fort Penthièvre, il ne resta plus aux émigrés d'autre ressource que de défendre ce point jusqu'à la mort. Ce fort était inexpugnable si la trahison de prisonniers républicains imprudemment admis dans les rangs de l'armée ne l'eût livré à l'ennemi. Tout espoir fut dès lors perdu pour les infortunés que l'impéritie et les divisions de leurs chefs livraient à des ennemis implacables. La presqu'île de Quiberon fut le théâtre d'un dernier combat où, malgré ce que le désespoir ajoute au courage, l'armée expéditionnaire, traînant à sa suite une population de femmes et d'enfans, ne put résister à des forces qui grossissaient à chaque instant. L'embarquement ne put s'effectuer, malgré les efforts du commodore Waren et le feu à mitraille des frégates anglaises.

Cet amiral, sincèrement dévoué aux royalistes de l'Ouest, et son gouvernement lui-même, furent en butte à des calomnies que l'histoire ne ratifiera pas. Le sang des victimes immolées à Quiberon ne retombe pas sur l'Angleterre, qui, pour le succès de cette expédition, ne refusa rien de ce qui lui fut demandé, mais sur la tête de chefs imprudens qui n'ont d'autre excuse à invoquer auprès de la postérité, que d'avoir partagé le martyre des malheureux qu'ils commandaient. D'Hervilly succomba à ses blessures, mais Puisaye eut le malheur de survivre. Quoique ses conseils n'eussent point été suivis, et que d'Hervilly, par son obstination à ne point s'avancer dans l'intérieur, eût paralysé les mesures qu'il pouvait prendre comme commandant supérieur des chouans, ses ennemis attachèrent à son nom la tache sanglante de cette journée, et durant le reste de sa carrière, Puisaye ne put se relever des malédictions de Sombreuil mourant.

Quelque affreux que fût le coup porté au parti royaliste par la désastre de Quiberon, où périt la fleur de sa jeunesse, il était loin cependant de se trouver sans ressources. La barbarie des commissaires de la Convention, leur refus de reconnaître une capitulation que la politique seule devait faire admettre, alors même qu'elle n'eût point existé, tout prouva aux insurgés qu'il n'était plus désormais de salut à attendre que de la victoire, et l'espoir de la vengeance rendit la chouannerie plus nombreuse et plus inexorable. C'est une grande faute en guerre civile que de ne point laisser à ses adversaires d'autre perspective que la mort; on ferait ainsi des héros même des lâches. Quatre mille royalistes, commandés par Tinténiac, avaient quitté la fatale presqu'île dans le but de menacer les derrières de l'ennemi, et cette diversion avait été heureuse jusqu'au moment où ce chef périt au château de

Coëtlogon. A Georges incomba encore une fois la tâche de sauver l'armée royaliste, à force de courage et de sang-froid.

Cependant, à la nouvelle du débarquement, l'insurrection avait pris plus de consistance dans tout l'Ouest. Angers et Nantes furent étroitement pressés par l'armée de Scépaux, et Charette, qui, depuis la convention de la Jaunais, était resté paisible à son quartier-général de Belleville, se décida à reprendre les armes. Une division républicaine fut écrasée aux Essarts, et vingt mille Vendéens se disposaient à opérer leur jonction avec l'armée royale de Bretagne. L'annonce du désastre de Quiberon, loin d'abattre leur courage, l'éleva au dernier degré d'exaspération et d'énergie. Charette, d'ailleurs, fut bientôt en mesure d'apprendre à ses soldats qu'ils n'avaient point à désespérer de l'avenir ; que le gouvernement anglais était décidé à redoubler d'efforts et de sacrifices, et que la présence d'un Bourbon allait enfin combler leurs vœux et prêter à la cause royale une immense force morale. L'Angleterre, en effet, cédant aux nouvelles instances de Puisaye et des chefs de l'émigration, résolut une dernière tentative. Le comte d'Artois monta à bord de la flotte de lord Moyra, et fut autorisé à en disposer à son gré pour une descente sur les côtes de France. N'ayant pu s'emparer de Noirmoutier, on occupa l'Ile-Dieu, où le prince établit son quartier-général. A peine informé de son arrivée, Charette se dirigea de l'intérieur sur la côte du Pertuis-Breton, à la tête de quinze mille hommes d'infanterie et de deux mille chevaux.

Il était à une journée de marche du rivage, quand un aide-de-camp du comte d'Artois vint lui apprendre que ce prince ne jugeait pas le moment opportun pour effectuer la descente, et que la flotte anglaise, ne pouvant tenir plus long-temps sur son dangereux mouillage, devait reprendre le large jusqu'à la belle saison. « Allez dire à vos chefs que vous m'avez apporté l'arrêt de ma mort, » telle fut la réponse de Charette à cette déclaration foudroyante.

L'Anjou, le Maine, la Bretagne et la Vendée en insurrection, la Normandie prête à se soulever, cent neuf mille combattans armés, près de cent mille hommes attendant des armes, telle était, au témoignage de tous les historiens, la situation de l'Ouest, quand le comte d'Artois prit la résolution de retourner à Edimbourg pour attendre des circonstances plus favorables. Ce n'est pas à des mémoires suspects que ces faits sont empruntés, et les correspondances des chefs royalistes et républicains imprimées aujourd'hui confirment les détails fournis par les déclarations stipendiées du comte de Vauban. Si la calomnie est une lâcheté, la flatterie aussi serait un tort, même envers le malheur. Quelque dur que puisse être cet arrêt, il faut le prononcer : c'est la retraite de l'Ile-Dieu qui a anéanti la chouannerie et la Vendée : elles avaient résisté à cent mille hommes, elles ne purent résister à ce coup.

La guerre civile ne fut point, il est vrai, immédiatement terminée; mais on combattit dès lors bien plus pour sa sûreté que pour la victoire. La chouannerie ne pouvait devenir une puissance politique qu'autant qu'elle aurait un prince à sa tête; elle ne pouvait aspirer à de grands résultats militaires qu'avec le concours de la Grande-Bretagne : or, ces deux ressources lui échappèrent à la fois. L'Angleterre continua sans doute à fournir des munitions et des armes aux insurgés ; elle soutint l'armée de Georges et les débris de la Vendée ; mais aucun plan ne lia désormais les entreprises des corps royalistes.

Puisaye revint en Bretagne, où il fut arrêté, et faillit être fusillé par Lemercier. Des préventions peut-être injustes, mais universelles, lui avaient pour jamais aliéné cette confiance qui est la seule force d'un chef de parti. Nouvel exemple de cette effrayante alternative imposée à qui conduit une guerre civile, de vaincre ou de passer pour traître ! Stofflet et Charette, écrasés par les forces supérieures du général Hoche, mêlèrent bientôt leur sang à celui de tant de martyrs. Le Morbihan restait seul à la fin de 1796, et, malgré nombre de faits d'armes, la discipline et l'honneur militaire disparurent avec l'espérance de vaincre.

On combattit moins pour un but politique que pour dérober à l'échafaud une tête proscrite ou pour satisfaire à des vengeances personnelles. C'est la fatale condition des guerres civiles d'exciter le crime par le crime, l'assassinat nocturne par l'assassinat juridique. La chouannerie ne sut point y échapper, et cette guerre, qui eut d'abord pour mobile les sentimens les plus sacrés du cœur de l'homme, la résistance à l'oppression, la défense des autels et des foyers ; cette croisade dans laquelle on vit des voituriers commander des armées, et des laboureurs gagner des batailles, finit par des surprises de diligences et des vols de deniers publics : on était proscrit, il fallait du pain ; on avait souffert, il fallait du sang.

La Vendée et la Bretagne reprirent les armes en 1799, lors des victoires de la coalition contre nos armées en Italie. Mais cette guerre dite *des mécontens,* durant laquelle on vit apparaître de nouveaux chefs à la tête des bandes royalistes, et qui pouvait devenir très-redoutable en se combinant avec les mouvemens préparés sur divers points de la France, se termina comme par enchantement à l'annonce du 18 brumaire. En entrant dans l'orangerie de Saint-Cloud, Bonaparte tua à la fois la république et la Vendée.

Quoi qu'il en soit des fautes politiques de la chouannerie et des fautes personnelles de ses chefs, on ne saurait nier que cette guerre n'ait été un des plus vastes épisodes de la révolution française, et que, pour l'organiser comme pour la maintenir, il ne fallût un esprit éminent dans le chef, et un admirable dévouement dans les soldats. Que si l'on se demande pourquoi le spectacle vraiment antique de toute une population soulevée pour défendre son culte et la forme de gouvernement qu'elle considérait alors comme nécessaire au rétablissement de ce culte lui-même, ne s'empreint pas toujours d'un noble caractère; si l'on recherche pourquoi de moins poétiques souvenirs s'attachent à cette guerre qu'à celle de la Véndée, la réponse est facile : la chouannerie manqua toujours d'entraînement, tandis que celui de la Vendée fut sublime ; elle en manqua, parce que ses chefs subordonnèrent constamment ses mouvemens à l'assistance d'un cabinet étranger. Quand, dans leur prodigieuse campagne de 1793, les Vendéens n'avaient pas de fusils, ils en prenaient à l'ennemi ; quand les chouans étaient sans armes, leurs chefs les avaient accoutumés à attendre que les Anglais leur en fournissent. La chouannerie fut toujours paralysée par des mesures combinées au dehors ; elle perdit sa spontanéité et sa force en n'étant que l'auxiliaire d'une cause qui se décidait ailleurs.

Quant au caractère dominant de cette grande insurrection bretonne, il est superflu de répéter qu'il fut surtout religieux. Si l'on avait pu conserver quelque doute sur ce point, des évènemens trop récens les auraient levés dans tous les esprits. On a pu voir combien un intérêt de parti est impuissant à remuer les populations de l'Ouest.

Si l'Ecosse combattit soixante ans, si elle ne succomba à Culloden qu'après avoir traversé les glorieux champs de bataille de

XLVII

Preston-Pans et de Falkirk, c'est qu'une question de nationalité vivifiait et agrandissait la question dynastique. Or, en Bretagne, ce qui survit encore de nationalité ne s'appuie pas sur des idées politiques, mais sur les croyances et sur les mœurs. C'est pour cela que les fleurs de lis ont disparu et que les croix y sont encore debout.

(*Extrait du* Dictionnaire de la conversation et de la lecture.)

GUISCRIFF.

I

La Convention nationale, en croyant éteindre la chouannerie dans le sang des victimes immolées à Quiberon, avait été trompée dans son attente. Les partis, que la paix décompose, ne meurent pas de mort violente, et les martyrs leur enfantent des héros. Écrasés un instant sous cette catastrophe, les royalistes n'avaient pas tardé à reprendre courage, et à confier à l'expédition de l'Ile-Dieu la réalisation d'espérances que le débarquement de Quiberon avait si cruellement déçues.

Charrette était sorti de son repos, et toute la Vendée militaire menaçait de se lever avec autant d'impétuosité et plus de discipline qu'en 1793. Le tocsin soulevait les campagnes de l'Ouest, des bords de la Mayenne aux côtes de l'Océan; et la population morbihannaise, qui s'était élancée de ses chaloupes de pêche et de ses cabanes enfumées, sur les pas de Georges, de Le Mercier, de Guillemot, formait la réserve de cette armée de cent-vingt mille hommes par laquelle était menacée l'existence de la république.

Depuis le désastre de Quiberon, le conseil royal du Morbihan avait renoncé à entreprendre de grandes opérations militaires jusqu'après le débarquement d'un prince français attendu depuis si long-temps sur la côte du Poitou; mais Georges dominait le pays; et malgré les sages dispositions de Hoche et les succès partiels de ce général et de ses lieutenans, il n'était pas un hameau du Morbihan d'où Cadoudal ne reçût à point nommé des secours, des vivres et des hommes.

Une organisation admirable d'unité et d'énergie enlaçait ce pays : pas un village qui ne fût un refuge pour les chouans, une embuscade pour les bleus.

Georges était partout, parcourant de nuit comme de jour les divers cantons (1)

---

(1) L'armée royaliste était organisée par paroisses, cantons et divisions.

de son armée, tantôt seul, tantôt à la tête de plusieurs milliers d'hommes. Un mot d'ordre, circulant de paroisse en paroisse, suffisait pour rassembler sur le point indiqué des paysans, qui, après l'expédition, retournaient à la culture de leurs champs, où leur carabine anglaise restait cachée dans les sillons. Fallait-il attaquer un détachement, intercepter un convoi, se porter en force à la côte pour recevoir des munitions et des armes? des émissaires parcouraient le pays; des enfans, des femmes portaient les paroles du chef, et personne ne manquait au rendez-vous.

Les insurgés avaient été écrasés à Quiberon : aussi Georges s'attacha-t-il avant tout à réorganiser son armée; le nombre des divisions chouannes fut augmenté. Le chevalier de Silz et le comte de Sol de Grisolles occupaient le pays sauvage qui s'étend de Redon à l'embouchure de la Vilaine;

Dubouais eut la division de Ploërmel; Troussier commanda vers la Trinité et la chaîne des montagnes Noires; Saint-Régent, dit *Pierrot*, occupa l'arrondissement de Loudéac et une partie des Côtes-du-Nord; Lantivy-Dureste et Jean-Jean commandèrent à Baud et à Pontivy; Guillemot, l'intrépide *roi de Bignan*, conserva le commandement des cantons de Locminé et de Josselin, centres de l'insurrection; enfin le Paige, dit *Debar*, reçut le commandement d'une division formée des cantons de Gourin et du Faoüet, à la limite des Côtes-du-Nord et du Finistère.

Dans cette partie du Morbihan, l'insurrection ne reçut pas d'aussi vastes développemens que dans le reste du pays, soit que ces cantons fussent trop éloignés du théâtre des opérations principales, et surtout du rivage, vers lequel les insurgés portaient leur principale attention, soit que leurs habitans participassent davantage de la réserve que témoignèrent pendant le cours de la guerre civile, les populations du Finistère avec lesquelles ils étaient en contact.

Il y avait pourtant dans ce quartier, souffrance, angoisse et misère. Au delà de l'Hellé, qui sépare ces deux cantons du reste du Morbihan, ce n'était plus cette lutte stratégique conduite avec art par des chefs tels que Georges et Le Mercier, paysans de vingt-trois ans, qui, sachant à peine lire, s'étaient élevés au rang de généraux consommés; mais c'était encore la guerre civile, et peut-être dans ce qu'elle a de plus triste et de plus sombre. De petites bandes parcouraient le pays sans autre but, le plus souvent, que de se dérober à d'infatigables poursuites. Les chouans harcelaient les détachemens républicains, leur tuant du monde derrière les fossés, les attendant dans le fourré d'un taillis; surpris eux-mêmes quelquefois, ils étaient fusillés sans délai ni miséricorde. Des colonnes établies dans tous les villages les occupaient comme une terre conquise. Le cultivateur, obligé sous peine de mort de nourrir à la fois les chouans et les bleus, de servir de guide aux uns et aux autres, de répondre à des soldats dont il ne comprenait pas la langue, et dont les mœurs dissolues blessaient ses plus profondes affections, ne tenait plus à une vie que des anxiétés journalières rendaient insupportable. Ses champs, déjà si pauvres, étaient à peu près abandonnés; la réquisition lui enlevait ses enfans, qui préférant, pour la plupart, mourir sur la terre natale, échappaient aux recruteurs pour aller rejoindre les chefs de cantons ou de paroisses. Il ne se passait guère de nuit où, dans les plus chétifs hameaux, on ne fût réveillé par une alerte. C'étaient des blessés à soigner, des fugitifs à cacher, des prêtres à soustraire aux lois de mort qui atteignaient également ceux qui leur donnaient asile. On avait vu des familles entières de cultivateurs entassées pêle-mêle sur la charrette fatale, l'aïeul appuyé sur l'épaule de sa petite-fille, attentif aux exhortations du prêtre qui marchait avec eux vers l'autel, et dont les mains liées de cordes ne pouvaient se lever pour bénir ses malheureux hôtes.

Quand l'armée des émigrés débarqua sur la plage de Carnac, elle avait au milieu d'elle un très-grand nombre d'ecclésiastiques bretons réfugiés à Jersey, par suite du refus de serment à la constitution civile du clergé. Ils avaient espéré rentrer dans leurs paroisses sous la protection de l'armée royale ; mais plusieurs avaient partagé le martyre de l'évêque de Dol ; quelques-uns s'étaient attachés aux divisions de Georges ; d'autres, ne pouvant se résigner à prolonger une vie si peu conforme à leur mission de charité, avaient cherché un refuge dans les cantons moins agités. Là, cachés dans les greniers des châteaux ou les étables des cabanes, ils sortaient quelquefois de nuit pour dispenser la parole sainte à ceux qui protégeaient leur tête proscrite.

Si l'on voulait peindre d'un seul trait l'aspect étrange de la Basse-Bretagne pendant ces guerres, le désespoir des combattans, l'apathie profonde de ceux qui, ne prenant pas une part active à la lutte, souffraient sans essayer de résister au sort, il suffirait de dire que la religion avait déserté la Bretagne. La religion est, en effet, l'âme de ce pays, le seul lien de sociabilité entre ses habitans; elle seule pénètre de quelque douceur la monotone existence du paysan armoricain. Sans la religion, le Breton est une espèce d'homme repoussante par ses appétits brutaux et une violence qui n'exclut pas l'astuce. Par elle, ce barbare s'adoucit, et le christianisme le civilise sans altérer sa forte nature.

En Bretagne, il n'est pas une pensée, pas un acte, pas un plaisir qu'une croyance religieuse ne vivifie. Le presbytère est le foyer de toute lumière, la cloche le signal de toutes les joies de la vie. Les chants populaires y sont des cantiques, les contes de veillée des légendes; les seuls points de réunion des deux sexes sont ces pélerinages si connus en Basse-Bretagne sous le nom de *pardons*. Il n'est pas une paroisse qui ne célèbre le sien dévotement et joyeusement chaque année, pas une chapelle qui n'ait sa vertu particulière, pas un vieux monument, pas une pierre ou une fontaine consacrée qui n'ait sa propriété spécifique.

De superstitieuses croyances poussent, sans doute, comme des branches gourmandes sur ce sol tout imprégné de foi; mais, outre que cet inconvénient pourrait être corrigé sans altérer la puissante originalité du caractère national, il faut reconnaître que rarement ces bizarres croyances sont de nature à rabaisser la dignité de l'homme. Ne vaut-il pas mieux voir la jeune femme invoquer sainte Marguerite dans les douleurs de l'accouchement, placer son nouveau-né sous la protection de saint Gilles, et le paysan armoricain recommander son cheval malade à saint Eloi, ou sa vache à sainte Herbot, que de le voir, ce peuple vierge, tombé au niveau de populations décrépites, vivre sans espérance et sans aspiration vers le Ciel? La Bretagne est un sol primitif où la main de Dieu se réfléchit transparente encore dans ses œuvres. Là, l'universalité des populations rurales, séparées comme celles du reste de la France par les sympathies et les intérêts politiques, reste enlacée par un même sentiment religieux, en de communes croyances.

C'était cette vie populaire que la révolution était venue attaquer dans ses sources, qui lui résistait avec une si indomptable énergie. Si l'on se fût borné à changer les formes du gouvernement, à humilier la noblesse, peut-être même à l'exproprier, les populations bretonnes, loin de résister à ce mouvement, l'auraient plutôt favorisé; car la noblesse n'était rien moins que populaire en Bretagne, et l'influence aristocratique fut combattue au sein même de la chouannerie avec une ombrageuse susceptibilité. Il y avait, dans les traditions d'indépendance et l'estime de soi-même de l'Armoricain, quelque chose qui s'associait étroitement aux idées de réforme émises aux premiers jours de la révolution française; mais l'Assemblée constituante toucha bientôt à l'indépendance de l'Eglise, et, dès ce moment, la cause révolutionnaire fut compromise en Bretagne. Le serment fut d'abord prescrit à cette constitution civile du clergé, qui n'allait à rien moins qu'à soumettre à l'autorité séculière toute la discipline ecclésiastique. Bon nombre de curés bretons, associés par leurs sentimens populaires à la cause des innovations politiques, le prêtèrent d'abord sans hésiter ; mais quand des tentatives postérieures eurent contraint le Saint-Siége à réclamer contre des mesures attentatoires à tous ses droits, et dont le résultat alors évident était l'établissement d'une Eglise nationale, presque tous ces ecclésiastiques se rétractèrent avec un courage d'autant plus admirable que l'exil en était le prix (1). Ce

---

(1) Je demande pardon d'avance de la longueur de cette note ; mais il me paraît nécessaire de faire connaître à un grand nombre de lecteurs qui peut-être l'ignorent, ce qu'était cette constitution civile du clergé, qui donna lieu dans l'Eglise à un schisme si déplorable.

Cette tentative fut la grande erreur d'une assem-

fut alors un spectacle déchirant dans toute l'étendue de la Bretagne : du haut des chai-

blée préoccupée des traditions de la réforme et du jansénisme, qui compliqua la cause de la révolution par un élément dont elle a eu tant de peine à se dégager. On ne sait ce qui doit étonner le plus dans cette affaire, de l'audacieuse imprudence de l'assemblée, ou de la longanimité de Rome.

Selon les dispositions de la constitution du clergé, que l'on eut soin d'intituler *constitution civile*, pour laisser croire qu'il ne serait pas touché au spirituel, la circonscription des diocèses était fixée d'après celle des départemens, et sans le concours du pape; les évêques devaient être nommés par les assemblées populaires et confirmés par les métropolitains, sans recourir au Saint-Siége pour l'institution canonique; les diocèses devaient être administrés par un conseil de prêtres dont l'évêque ne serait que le président; enfin, tous les membres du clergé étaient contraints de prêter serment à la constitution décrétée, sous peine de destitution par le seul fait du refus.

res chrétiennes tombaient des paroles d'adieu, accueillies par un sombre désespoir. Ja-

Il était évident que ces dispositions contrariaient toutes les règles admises dans l'Eglise, sanctionnées par la tradition et unanimement promulguées par les conciles : c'était une séparation du centre de l'unité catholique, tout aussi radicale que celle de l'Angleterre sous Henri VIII.

Dès que Pie VI fut instruit de ces menaçantes dispositions, des prières publiques furent ordonnées à Rome pour conjurer les malheurs qui menaçaient la chrétienté, et le pape adressa au roi des Français une lettre conciliante pour le supplier de refuser sa sanction constitutionnelle à ceux de ces décrets contraires aux droits spirituels de l'Eglise. De son côté, Louis XVI écrivit au Saint-Père pour le prier d'approuver provisionnellement les articles déjà décrétés que les circonstances l'avaient contraint de sanctionner.

Le pape ne voulant laisser aucun prétexte de l'accuser, ordonna de faire examiner les articles dans une congrégation de cardinaux. Il engagea les

mais peuple n'avait été si cruellement frappé dans l'élément même de sa nationalité.

En 1795, au fort de la guerre civile, le évêques de France à se réunir de leur côté, pour lui transmettre leur avis sur ces articles, et les moyens qu'il pouvait y avoir de les concilier avec les principes de la discipline ecclésiastique.

Mais l'assemblée n'entendit se prêter à aucun retard, et le serment fut immédiatement exigé. Le 4 janvier 1791, tous les ecclésiastiques membres de l'Assemblée nationale furent appelés à le prêter purement et simplement, et l'on se refusa à admettre la distinction qu'ils proposaient entre la constitution politique et la constitution spirituelle de l'Eglise. Les évêques, et, à leur exemple, les autres ecclésiastiques, le refusèrent avec une inébranlable constance, et cessèrent de faire partie de la législature. Au-dehors, cent vingt-sept évêques sur cent trente s'y refusèrent également, et la presque totalité du clergé resta fidèle.

Ce fut alors seulement qu'intervint le jugement doctrinal du pape sur la constitution civile, quoi-

culte catholique était interdit, sous peine de mort, dans tout le pays. Des prêtres cachés desservaient les populations de loin en loin ; la messe se célébrait dans les granges et au

que l'excommunication fût encore différée ; mais le schisme ayant été consommé par l'ordination de trois évêques constitutionnels, faite par l'évêque d'Autun, assisté des évêques *in partibus* de Babylone et de Lidda, la condamnation survint enfin.

Le pape déclara les ordinations illégitimes et sacriléges, et les prêtres qui avaient prêté le serment, suspens *ipso facto* de toutes fonctions ecclésiastiques. L'Assemblée législative répondit à cette excommunication par une mesure de déportation générale. Quinze jours furent laissés aux prêtres catholiques pour se soumettre aux décrets; passé ce délai, ils devaient être transportés à la Guyane. On avait commencé par l'exil, on arriva bientôt à l'assassinat, et plus de deux cents prêtres furent massacrés aux journées de septembre. C'est ainsi qu'un mauvais principe conduit au crime par les résistances qu'il rencontre.

fond des bois, quelquefois sur les flots, au milieu des horreurs de la tempête et de la nuit. Mais dans les districts moins bouleversés par la guerre, là où la république conservait une domination permanente, les prêtres assermentés, connus sous le nom de *prêtres jureurs*, continuaient à célébrer l'office dans leurs églises solitaires. Ces ecclésiastiques, établis dans les presbytères sous la protection de détachemens, vivaient dans un isolement absolu, et sous le coup de perpétuelles menaces. Séparés de leurs paroissiens, qui évitaient l'approche de l'église comme celle d'un lieu souillé par le démon, ils étaient en butte aux méprisables railleries des soldats dont les baïonnettes protégeaient leur personne. L'auditoire du prêtre constitutionnel se composait d'ordinaire des autorités constituées, c'est-à-dire du maire et des municipaux en écharpe, des domestiques attachés à leur service, et de quelques braves gens qui, ne pouvant se résoudre à se passer d'offices le dimanche pas plus qu'à ne pas s'enivrer le samedi, paraissaient à l'église en demandant tout bas pardon à Dieu d'aller entendre le jureur.

Telle était la situation de la commune de Guiscriff, dont le vieux curé s'était expatrié à la fin de 1791, et qui n'avait, disait-on, reparu en Bretagne, vers 1795, que pour trouver la mort à Quiberon.

Le bourg de Guiscriff, situé sur un plateau élevé et dans une fort belle position militaire, entre le Faouët et Gourin, était occupé par une compagnie qui fournissait des détachemens aux divers postes environnans. Guiscriff, comme la plupart des bourgs de Bretagne, ne se composait que d'un presbytère entouré de hautes murailles, de deux ou trois maisons couvertes en chaume, et dont une branche de laurier indiquait la destination à l'ivrogne breton; enfin, d'une église jolie et pittoresque comme toutes celles de ce pays. Presque tous les édifices religieux de la Cornouailles et du Léon sont, par leur construction architecturale, fort au-dessus de la civilisation matérielle de ces campagnes reculées. Il n'en est guère où l'archéologue ne rencontre, d'ailleurs, des traditions à éclaircir et des monumens primitifs à explorer.

L'érection des églises bretonnes paraît avoir été, en général, déterminée par l'existence antérieure de monumens consacrés au culte druidique, que le christianisme venait remplacer. Ce sont tantôt des *dolmen* entourés encore des respects populaires; tantôt l'église s'élève près d'une source où les mères plongent leurs enfans malades, et dont les eaux, vouées à d'autres rits, sont purifiées depuis des siècles par une grossière image de Marie. Aux abords de l'église et aux points de jonction des principaux chemins, de vieux *meinhirs*, taillés en croix ou découpés en trèfle, supportent des statues droites et raides comme des sphynx détachés des hypogées de l'Egypte. Les églises de Bretagne furent construites en même temps et en quelque sorte par couches. Les édifices actuels remontent, pour la plupart, au quinzième siècle, et ont remplacé les églises primitives, dont un œil habile discerne encore des fragmens cachés sous le badigeonnage moderne. Ce sont parfois des cryptes souterraines, le plus souvent des portions du porche ou de la nef, dont les voûtes surbaissées, les arcades à plein ceintre et les pilliers massifs indiquent l'époque antérieure à l'architecture gothique. Mais la gracieuse ogive imprime son caractère aérien à l'ensemble de ces constructions. Le maître-autel est éclairé par une rose où des restes de vitraux, brillans comme des rubis enchâssés dans une légère monture de granit noir, représentent des scènes de la Passion, surmontées du blason des anciens seigneurs du lieu.

Dans les bas-côtés, écrasés sous de pesans lambris, s'élèvent des autels chargés d'ornemens de mauvais goût. Vieilles statues en bois recouvertes de vêtemens modernes, détestables croûtes représentant les miracles du saint, enfans de cire voués par une mère inquiète, navires artistement fabriqués par le marin sauvé de la tourmente, tels sont les accessoires obligés de toutes les chapelles bretonnes. Ce peuple, qui vit de peu, fait de son église paroissiale sa joie, son orgueil, le centre de toutes ses vanités mondaines; et sous l'empire de l'émotion qu'un tel sentiment suscite, on ne trouve pas même un sourire pour les plaisans anachronismes de ces costumes bariolés. Ici, c'est la vierge Marie en *bigouden* orné de scintillans miroirs, comme une mariée du

Pont-l'Abbé; là, saint Joseph en *bragou-bras* de la Cornouailles. Vous voyez d'un côté saint Urlow, la mître en tête, touchant la plante des pieds, qu'il guérit à l'instant du mal portant son nom (1); de l'autre, vous pouvez admirer saint Eloi, le grand vétérinaire, portant à la fois les attributs d'un évêque et d'un maréchal ferrant : il tient de la main gauche un pied de cheval, et de l'autre un marteau. Près de lui se voit d'ordinaire un coursier qui n'a que trois jambes; car lorsque saint Eloi ferrait, dit la chanson armoricaine, il ne prenait pas d'aide pour tenir le pied de sa bête. N'était-il pas bien plus court de couper la jambe, puis, après avoir ajusté le fer au sabot, de la raboutir en place? Il n'est pas une église de Basse-Bretagne où des légen-

(1) *Droug-an-curlow*, enflure aux jambes fort commune en Basse-Bretagne.

des de ce goût ne viennent vous jeter en plein cinquième siècle, dans un monde de charmes et de sortiléges plus druidique que chrétien.

Mais ce qui donne aux édifices bretons un caractère vraiment national, ce sont les hardis clochers qui, dans les plus modestes paroisses, élèvent leur obélisque de granit au-dessus des vieux ifs du cimetière. Ces clochers, imités par l'architecture du treizième siècle des minarets de l'Orient, sont quelquefois assis sur le porche; et dans les plus vieilles constructions, ils s'élèvent du centre même de l'église. Ils supportent une ou plusieurs galeries extérieures d'où s'élance une flèche aérienne percée à jour comme le tuyau d'un instrument sonore, et flanquée quelquefois de quatre clochetons. C'est la vue de ces clochers, dans lesquels l'œil suit tous les mouvemens de la cloche en branle, qui fait battre le cœur du fils de l'Armorique quand il rentre dans ses bruyères.

Guiscriff avait aussi sa vieille église, où la statue de saint Eloi, le bras de saint Guénolé et les reliques de saint Pierre avaient fait maints miracles; mais cette église était alors déserte, quoique le curé constitutionnel Melven y célébrât la messe chaque matin, et que François Guiader y sonnât les cloches aussi régulièrement qu'en d'autres temps. On ne venait plus s'agenouiller à l'autel de saint Cadou pour être délivré des écrouelles; on n'invoquait plus saint Kiriec contre les clous, ni saint Urlow contre la goutte : plusieurs de ces vénérables statues avaient alimenté la flamme du corps-de-garde, depuis que le capitaine Florent, commandant le poste de Guiscriff, avait caserné sa troupe dans un des bas-côtés de l'église, séparé, par une maçonnerie à faux frais, du reste de l'édifice. Cet acte de vandalisme avait vainement provoqué les réclamations du citoyen-curé Melven : le capitaine Florent avait répondu que la nef était amplement suffisante pour lui et son sonneur de cloches; et quelque mécontentement qu'en eût éprouvé le curé, il continuait de vivre avec le capitaine dans des rapports qui semblaient intimes.

Dans le courant d'octobre 1795, le capitaine Florent revenait, à la nuit tombante, de visiter les postes établis dans les villages voisins. Il parcourait en silence de vastes terres en friche, couvertes de broussailles et d'ajoncs épineux, évitant avec soin ces chemins étroits et profonds où des ronces aux larges feuilles pendent sous les pieds comme des lianes, tandis que le houx, aux grains de corail, et l'aubépine, aux fruits noircis par l'automne, s'enlacent au-dessus de la tête en haies impénétrables au jour et au soleil. Quelques soldats lui servaient d'escorte, car il n'eût pas été prudent de s'éloigner seul dans un moment où Debar venait de paraître aux environs de Gourin, et où son lieutenant Bonaventure avait fait une levée dans la commune du Saint. Des coups de fusil avaient été échangés la veille au pont de Saint-Ivinec, entre les gars de Bonaventure et un détachement de fourrageurs. Le capitaine Florent marchait donc des pistolets à la ceinture, et ses hommes ne s'avançaient qu'avec précaution dans ces landes coupées de fossés (1) couverts de haies vives. A chaque village, ils prenaient des in-

(1) Pour bien saisir la physionomie d'un paysage breton, il faut savoir qu'on donne en Cornouailles le nom de *fossé* aux retranchemens formés par l'amoncellement des terres, et non point aux douves dont elles sont extraites, ainsi que le nom semble l'indiquer. Ces fossés sont toujours garnis de bois qui se coupent à époques périodiques.

formations dont les sentimens des paysans étaient loin de leur garantir la vérité, et qui, données en bas-breton, avec embarras et mauvaise grâce, ne manquaient pas de provoquer les malédictions et les jurons des soldats.

Ce qu'on appelle *village,* en ce pays, n'est autre chose qu'une maison isolée, destinée à l'habitation d'une seule famille, et à laquelle sont joints les crêches, granges et autres édifices d'exploitation. Ces hameaux, couverts en chaume ou en genets, et dans lesquels l'étable n'est souvent pas séparée de la maison manale, sont placés au centre de chaque propriété. Le capitaine et ses hommes allaient de l'un à l'autre, observant les routes et les accidens du terrain, et promettant des monceaux d'assignats à qui viendrait révéler quelque chose des mouvemens de Bonaventure et de sa bande; mais les promesses comme les menaces étaient reçues avec cette apathie qui est le caractère distinctif du paysan breton; et la formule *na pregomp quet gallec* (nous ne parlons pas français) avertissait le capitaine qu'il n'y avait aucune lumière à attendre des *petras*.

Rentré au bourg de Guiscriff, il ordonna au poste de faire bonne garde, monta au clocher pour jeter un dernier coup-d'œil sur la campagne, que quelques feux militaires éclairaient dans le lointain; puis, après avoir allumé son cigarre, il sortit du corps-de-garde et se dirigea vers le presbytère, où il passait habituellement ses soirées.

Les soldats se livrèrent alors à la gaieté qu'ils avaient contenue en présence de leur chef, moins par suite d'une déférence hiérarchique qu'à raison d'un vague sentiment éprouvé par tous, quoiqu'aucun ne pût s'en rendre compte. Sorti d'un bataillon de volontaires parisiens, il commandait depuis quelques mois la compagnie du 53ᵉ cantonnée dans ce quartier. Ses opinions étaient ardemment républicaines, et le bruit courait que d'horribles actes lui avaient valu ses épaulettes; mais on était à cet égard sans renseignemens précis; car il ne s'ouvrait à personne, et rien ne révélait ses émotions intérieures. Sans être bel homme de guerre, le capitaine Florent était agréable. Assez bien pris dans sa très-petite taille, ses mouvemens étaient souples et gracieux jusqu'à l'affectation; son œil noir étincelait quelquefois, mais une longue paupière le voilait promptement d'une façon étrange; ce n'était qu'à la contraction de ses lèvres et au sourire qui errait souvent sur sa figure, sans jamais l'éclaircir, qu'on pouvait soupçonner ce qui se passait en lui.

Ces manières peu ouvertes, associées à une inflexibilité barbare dans les actes de sa vie militaire, étaient loin de plaire aux voltigeurs du 53ᵉ. Ils savaient que leur capitaine était brave, capable, et patriote énergique ; mais, à cela près, ils le trouvaient fier et presque hautain comme un *ci-devant*. Ce fut donc avec quelque plaisir qu'on le vit aller frapper à la porte communiquant de la cure au cimetière.

II

Florent trouva l'abbé Melven dans le salon du presbytère, adossé à la cheminée, dans l'attitude d'un homme fatigué de ses réflexions. C'était un grand et beau prêtre, dont la tête à moitié chauve, quoiqu'il n'eût guère plus de trente ans, et le front haut et proéminent étaient empreints d'une dignité grave et triste.

Sitôt qu'il aperçut le capitaine, il témoigna cette satisfaction qu'on éprouve lorsqu'un étranger vient vous délivrer d'une solitude qui vous pèse. Cependant une sorte de réserve indiquait, de sa part, peu d'expansion dans ce commerce habituel.

— « Vous revenez bien tard, capitaine. Je n'étais pas sans inquiétude sur votre compte. Bonaventure est un homme entreprenant ; j'en ai entendu parler il y a quelques années, pendant que je desservais le Saint, sa paroisse natale. Vous aurez plus de peine à atteindre sa bande que celles de Jeannot et de Brise-Montagne, dont vous avez purgé le pays.

— « Je le crois, citoyen curé ; vous pouvez de plus ajouter qu'après celle-ci paraîtra une autre. Tant que ce pays n'aura pas été remué jusque dans ses fondemens, et que l'esprit de fanatisme et de résistance aux lois de la république y dominera, on verra sortir des chouans de tous les buissons. La superstition les fait pulluler comme des lapins.

— « Vous connaissez mon dévouement à la république, et vous savez si je ne fais pas tous mes efforts pour déraciner ici les préjugés.

— « Sans doute, mon cher abbé, sans doute; mais, d'une part, vous pouvez très-peu, c'est une justice à vous rendre; de l'autre, ajouta le capitaine en souriant, permettez-moi de vous répéter que, si vous vous êtes défait vous-même de quelques idées par trop absurdes, incompatibles avec votre position actuelle, vous hésitez et tremblez toutes les fois qu'il s'agit de déraciner le tronc de l'arbre. Depuis que nous causons ensemble, je vois bien quel rempart cette robe noire élève entre la raison et l'intelligence d'un homme. Il suffit de vous connaître pour découvrir promptement tout ce qu'il y a en vous d'élévation et de liberté d'esprit; et pourtant vous défaillez chaque jour sous le poids des idées sucées avec le lait, idées dont votre nature est toute imprégnée. Tenez, ne voilà-t-il pas sur votre cheminée, au-dessus de ce crucifix, un *Breviarum romanum?*

— « C'est une lecture que l'Église prescrit chaque jour.

— « Oui, l'Eglise romaine : mais vous avez pour jamais rompu avec elle; elle vous considère comme l'un de ses plus implacables ennemis; aussi ne vais-je pas en vérité jusqu'à vous accuser de lire tous les jours votre Bréviaire. J'aperçois là une bibliothèque que vous commencez à consulter plus régulièrement, n'est-ce pas? »

Et le capitaine Florent montrait du doigt des bouteilles rangées dans un coin du salon. L'abbé Melven voulut sourire, mais il ne put que baisser les yeux sans répondre. Le malheureux avait, en effet, commencé à noyer dans le vin les tourmens de sa vie. Après avoir demandé la paix de l'âme à sa raison, il essayait d'éteindre ce flambeau qui le brûlait sans dissiper ses ténèbres.

Le capitaine ne parut pas remarquer le trouble que son observation venait de produire; il se mit à parcourir quelques livres posés sur une petite table avec des numéros épars du *Républicain* et de la *Décade patriotique*.

— « Ah! Jean-Jacques Rousseau! la profession de foi du vicaire savoyard, je l'aurais parié! C'est un symbole que l'on professe quelque temps avant de passer outre. Excellent point d'appui pour les faibles, qui n'osent marcher de prime abord dans les larges voies de la nature et de la vérité!

— « Ce livre, capitaine, fait aujourd'hui ma seule consolation, et devient mon excuse à mes propres yeux, quand je crois en avoir besoin pour ma conduite. Il me fait du bien : ne m'enviez pas un reste de paix : il fait aimer les hommes et permet d'élever sa pensée vers Dieu, sans trouver en lui un vengeur terrible. Je crois, en le lisant, que ce Dieu caché, toujours présent dans mon cœur, me pardonnera des doutes qui ne doivent pas empêcher de l'adorer sous les voiles dont il s'enveloppe. Je vous ai fait souvent ma profession de foi, j'ai besoin de vous la répéter encore. Vous voyez en moi un homme tombé de la foi dans le doute, du paradis de l'âme dans l'enfer. Remonter vers mon premier état est impossible, et je ne le voudrais pas, car c'était là, j'en conviens, un état de faiblesse, et je suis fier de ma liberté, quelque prix qu'elle me coûte. Mais je veux rester prêtre chrétien, sinon prêtre catholique; je veux prêcher la liberté, l'égalité en ce monde, l'immortalité dans l'autre, au nom du régénérateur de l'humanité.

— « Prêcher! mais qui vous écoutera? Croyez-vous donc que ce *Credo* arrangé à plaisir suffise jamais au peuple? et pensez-vous, d'un autre côté, qu'il sera jamais accepté par ceux qui ont l'âme assez forte pour ne pas reculer devant les cauchemars d'une imagination troublée? Un culte fondé sur le doute, un Dieu aussi insaisissable que la Trinité du catéchisme, une immortalité absurde dont on ne craint pas de doter l'homme au milieu de l'univers où tout passe, et qu'on jette à ses terreurs comme un joujou d'enfant, quel amas de rêves et de folies! Et vous en êtes encore là, vous que ce Dieu, s'il existait, écraserait comme un ver, car un Dieu est toujours du parti de ses prêtres! »

Cette conversation se prolongea, longue,

ardente et inexorable d'un côté, molle et incertaine de l'autre ; les paroles du capitaine s'exhalaient d'un foyer brûlant ; c'était le fanatisme du néant : mais le néant n'avait pas desséché cette âme. Il y avait en cet homme une verve d'incrédulité, un besoin de destruction, un délire de prosélytisme auxquels l'abbé Melven n'avait à opposer que les angoisses de sa conscience et les restes d'une foi chancelante. Dans cette lutte à mort contre une inflexible logique, il demandait grâce plutôt qu'il n'osait combattre.

— « Vous ne savez pas, vous ne pouvez pas savoir, monsieur, disait-il, quel malheur c'est pour l'homme que de perdre la foi, quand il a reposé sa tête sur cet oreiller. La foi, c'est la quiétude de l'esprit, comme une bonne conscience est la quiétude du cœur.

« Vous ne vous êtes jamais assis, vous,

ajoutait-il, dans ce centre d'amour et de paix d'où la vie se colore d'une teinte éthérée comme la campagne au soir d'un beau jour : état que je ne saurais vous faire comprendre, que je me rappelle à peine moi-même, murmurait-il en portant la main à son front, comme pour retrouver de lointains souvenirs, état ineffable où il n'y a de mystère ni dans la vie ni dans la mort, où l'on envisage la tombe avec plus de sérénité et de confiance qu'un lit où le corps se délasse des fatigues du jour!

« Ah! si vous aviez connu cette existence éclairée par un rayon du ciel, vous ne ririez pas en me voyant la pleurer, maintenant qu'il me faut marcher dans l'obscurité, et chercher la vérité à la sueur de mon front. Ma foi s'en va, je ne puis vous le cacher; ma foi s'en va, mais mon bonheur disparaît avec elle ; je n'ai ni la force de la retenir, ni moins encore celle de m'en passer,

Oh! mon Dieu, oui, comme vous le dites, je suis une pauvre femme, un enfant sans courage. J'ai passé ma vie entre les murs d'un séminaire, et je sens maintenant que je ne suis pas assez fort pour paraître jamais sur la scène du monde, quoique je l'aie un moment ardemment désiré. Je voudrais rester où j'en suis; et que vous importe à vous qui n'avez foi en rien?

— «Vous ne me connaissez pas, mon cher, et vous venez de dire là un mot qui le prouve. Je n'ai foi en rien?... Eh! d'où vient donc mon dévouement à ma cause? Pourquoi ai-je tressailli de joie quand j'ai vu tomber cette vieille société, cette vieille Eglise, quand j'ai pu leur porter aussi mon coup de hache? Je hais la société, qui m'a long-temps opprimé et m'a abreuvé de mépris et de privations, moi qui valais mieux qu'elle. Je hais la religion, qui en a été le ciment; et, pardon l'abbé, je hais aussi les prêtres, qui en ont été les soutiens. Telle est ma foi ; pour elle je suis prêt à donner mon sang, comme à répandre celui des autres.

« J'ai assisté pendant trois ans à Paris à cette œuvre de destruction ; et maintenant que des mains poltrones y font rétrograder le char de la révolution, je rends grâces au sort qui m'a envoyé ici, où nous avons tant à faire. Malgré votre soutane, vous êtes apôtre de la même cause, car on vous méprise comme j'ai été méprisé, on vous siffle comme j'ai été sifflé, et l'anathême de l'Eglise vous poursuit sur vos tréteaux comme il m'a poursuivi sur les miens. Je ne vous ai pas caché cette circonstance de ma vie : elle établissait d'avance, entre vous jureur et moi comédien, des rapports naturels. Rien ne ressemble plus, en effet, à un comédien sifflé, qu'un prêtre constitutionnel. Enseigner dans le désert des dogmes auxquels on ne croit plus, c'est un rude métier ; et vous devez autant souffrir sous vos oripeaux de sacristie que je souffrais sous mes oripeaux de théâtre. »

Quelques verres de vin contribuèrent à alimenter plusieurs heures encore la verve intarissable du capitaine. Il sortit enfin, laissant l'abbé Melven ranimé pour quelques momens, et soutenu dans ses combats par une force étrangère à lui-même.

Le capitaine Florent était un de ces hommes que les grandes crises sociales peuvent seules faire surgir, et en qui viennent se réunir, comme dans une plante vénéneuse, tous les principes délétères d'une époque. Il était fils naturel d'un grand seigneur et d'une danseuse. Le germe de sa vie avait été infecté de tous les vices du régime que la colère de Dieu devait bientôt anéantir. Elevé dans la domesticité de celui qui passait pour son père, il avait aspiré la corruption dès son enfance. Jusqu'à quinze ans, il partagea l'éducation et reçut en même temps les outrages des fils légitimes du duc de ***. Cette situation lui devint tellement odieuse, qu'il quitta secrètement l'hôtel de son père, et s'engagea au théâtre sous le nom de *Saint-Florent*. Une intelligence remarquable, une âme ardente semblaient devoir lui assurer quelques succès ; mais Saint - Florent avait un extérieur délicat, une voix grêle, et une irritabilité qui ne supportait pas les arrêts du parterre. Le public ne le vit point avec faveur, et le siffla.

Un jour il osa résister en face à cette assemblée de despotes, qui avaient acheté quinze sous le droit d'enfoncer sans pitié le poignard dans son cœur. Un usage barbare le contraignit à reparaître sur la scène, où il dut demander des excuses à genoux pour s'être rappelé un instant qu'il était homme. Ce supplice fut court ; mais Saint-Florent avait traversé en un moment toutes les tortures de l'enfer. En face de lui, le marquis et le comte de ***, ses frères, folâtraient dans une loge, et leurs regards rencontrèrent les siens. S'il avait cru au démon, il se fût en cet instant voué à lui ; il eût engagé son éternité pour pouvoir savourer une heure de vengeance contre cette société dont le luxe et les plaisirs insultaient à sa honte.

C'était dans l'hiver de 1788. L'année suivante commença la tempête, et Saint-Florent respira plus à l'aise dans cette atmosphère chargée d'orages. Le 10 juillet 1789, il était auprès de Camille Desmoulins, et se ruait sur la Bastille; le 10 août 92, il pénétrait aux Tuileries avec Westermann. Il marcha en triomphateur dans ce palais désolé, foulant aux pieds les insignes dont s'étaient parés ses ennemis, brisant tout comme un enfant colère. Il eût pu en ce jour faire sa fortune ; mais il sortit les mains vides et le cœur plein. Bientôt le peuple voulut lécher le sang, et Saint-Florent y prit goût avec lui. Il faisait partie de l'affreux tribunal qui rendit, à l'Abbaye, ses arrêts sur des piles de cadavres; et cet homme qui, à la Bastille et aux Tuileries, n'avait point partagé les fureurs populaires contre les vétérans de M. de Launay et les malheureux Suisses, se montra, au 2 septembre, plus impitoyable qu'aucun autre. C'est que le sang qui coulait là était un sang de nobles et de prêtres; or, cette vie, dont il avait si long-temps traîné le poids, c'était un noble qui la lui avait transmise; et ce nom de *comédien,* qui cornait toujours à ses oreilles comme une injure, qui l'avait flétri sinon les prêtres?

La seule émotion douce qui eût rafraîchi sa vie avait été un amour de quatorze ans. Dans la loge du portier de l'hôtel de *** croissait une jeune fille de son âge, à laquelle il confiait ses douleurs, et qui effaçait sous ses baisers la brûlante empreinte des soufflets de ses frères. Dans leurs rêves d'enfance, ils s'étaient promis mariage; mais après que Saint-Florent eut touché les planches, Adèle, alors pieuse et sage personne de dix-huit ans, refusa constamment de le revoir. Un jour qu'il la surprit seule et voulut lui rappeler ses promesses d'un autre temps, elle le repoussa en s'écriant que l'Eglise ne consacrait pas le mariage des excommuniés.

Quand la vue du sang jetait Saint-Florent dans un état d'ivresse, toutes ces images lui repassaient à la fois devant les yeux : il s'en prenait alors à la société des espérances de bonheur qu'il n'avait pas réalisées. Jamais il n'avait reçu les caresses d'une mère; nulle n'aurait osé confesser pour lui un sentiment d'amour; il était seul en ce monde, et l'ordre social lui apparaissait comme en guerre personnelle contre lui.

La protection des membres de la commune lui valut une lieutenance dans le 1er

bataillon de volontaires parisiens. Ce fut alors qu'il supprima la moitié de son nom, comme messéante à un sans-culotte, et qu'il s'appela *Florent* tout court.

Attaché à l'armée de l'Ouest, il combattit avec une grande bravoure à Quiberon, et entra l'un des premiers dans le fort Penthièvre. La garde du principal détachement des malheureux conduits dans les prisons de Vannes lui fut confiée, et ce fut avec le pressentiment d'une horrible joie qu'il reçut cette mission. Sitôt que la mort des prisonniers fut résolue, Florent vint s'offrir au général Lemoine, président de la commission militaire, pour commander l'holocauste.

On sait que la plupart des officiers de la ligne entendaient maintenir une capitulation qui, si elle pouvait être contestable sous le rapport du droit, était sacrée pour l'honneur militaire, et qu'ils se refusèrent presque tous à accepter les fonctions de bourreaux comme celles de juges. Le dévouement patriotique de Florent fut mis à l'ordre du jour de l'armée, et ce fut aux volontaires parisiens qu'incomba la mission d'ouvrir les portes de l'éternité au saint évêque de Dol et aux prêtres qui partagèrent son martyre. Un autre peloton conduisait en même temps au lieu du sacrifice M. de Sombreuil et soixante-quatre jeunes officiers.

Quand ce chœur de martyrs parut sur la Garenne de Vannes, et que René de Hercé découvrit son front, qu'illuminait déjà un rayon des splendeurs immortelles; quand le moment suprême fut arrivé, et qu'on vit le pontife sourire doucement à la mort comme un enfant à sa mère, il n'y eut alors dans cette multitude qu'un seul cœur d'homme qui ne défaillît point; il n'y eut que Florent qui savoura jusqu'au bout l'agonie des victimes.

Tel était l'homme qui, depuis quelques

mois, avait noué avec le curé constitutionnel de Guiscriff des rapports journaliers. Peu d'instans lui avaient suffi pour pénétrer les agitations intérieures de l'abbé Melven, et pour comprendre que cette âme, tourmentée par une foi encore vivante, était bien près du remords. Florent fit alors un horrible vœu : il jura de conquérir cette volonté flottante, et de conduire au sacrilége ce cœur qui manquait également de force pour remonter vers la foi et pour descendre jusqu'à l'incrédulité.

S'attachant à cette œuvre avec une persévérance inouïe, il en fit la principale distraction de sa vie monotone; et pour atteindre ce but, il ne recula pas même devant la nécessité de plier à une dissimulation temporaire son athéisme effervescent et ses haines implacables. Il commença par prendre cet homme ignorant du monde au point où l'avaient conduit ses méditations solitaires;

puis il le poussa jusqu'au bord de l'abîme, avant qu'il se fût aperçu de la domination exercée sur lui.

Si, dans la conversation qu'on vient de rapporter, le capitaine garda moins de réserve, c'est qu'il en considérait déjà le temps comme passé, et qu'il jugeait n'avoir plus qu'à enfoncer un trait qu'aucune main désormais ne pouvait arracher. On va voir jusqu'à quel point étaient fondées ses espérances.

III

L'abbé Melven appartenait à cette espèce d'hommes, si commune dans notre siècle, qui succombent promptement sous le poids des idées qu'ils embrassent ou des passions qu'on leur suggère : c'était une de ces âmes ouvertes à toutes les impressions, en même temps qu'incapables de les dominer. Il n'était pas sorti, comme la plupart des prêtres bretons, de la population des campagnes, souche primitive sur laquelle se greffe si bien le caractère sacerdotal : fils du régisseur du marquis de Kersulio, il avait fait ses études au collége de Vannes, dont il fut un des élèves les plus distingués, et qu'il ne quitta que pour entrer dans les ordres.

Il venait d'être attaché comme vicaire à la cure de Guiscriff, quand éclata la révolution. Cette commotion électrique, qui ébranla toute la nation, agita le jeune Melven sous sa soutane aussi vivement qu'il eût pu l'être sous la livrée du marquis. Ce sentiment fut partagé par la plus grande partie du clergé de France ; et l'histoire doit recueillir, au nombre des faits qui l'honorent, l'empressement avec lequel il se porta, dans le principe, à seconder la grande réforme de 89. Tout le monde sait que ce fut de la réunion de la majorité du clergé au tiers-état, après le serment du Jeu-de-Paume, que sortit l'Assemblée nationale.

Le bon curé de Guiscriff, le saint et naïf abbé Denmad applaudissait aussi de tout son cœur au triomphe de la liberté et de l'égalité. Des journaux arrivaient même au presbytère; et le soir, après la lecture de la *Vie des Saints*, on se livrait avec ardeur à celle de nos premiers débats politiques : mais bientôt le bon curé s'aperçut que ces préoccupations humaines, qu'il n'avait jamais connues, le rendaient moins exact à ses devoirs, plus distrait dans ses prières, trop soucieux des choses de ce monde. Puis survinrent les premiers crimes de la révolution, qui dégoûtèrent l'abbé Denmad de la politique, et le confinèrent strictement dans les soins de son ministère jusqu'à la fin de

91, époque où le serment lui fut demandé.

Il n'en avait pas été ainsi chez le jeune Melven : sa curiosité devenait chaque jour plus vive, ses sympathies plus ardentes. Ces grands évènemens lui avaient révélé une autre existence, et il commençait à comprendre une autre ambition que celle de faire obscurément le bien sous les yeux de Dieu seul.

Des prêtres avaient été portés du pied de l'autel à la tribune ; leur nom était devenu célèbre ; pourquoi le sien ne le deviendrait-il pas ? Lui était-il interdit d'espérer, comme plusieurs autres ecclésiastiques, s'associer à cette œuvre glorieuse ?

Ces vagues pensées, sans lui faire négliger aucun de ses devoirs, les lui rendaient déjà plus pénibles. L'abbé Denmad s'en affligeait, car il aimait tendrement celui dont il avait mission de guider la jeunesse ; mais ce ne fut qu'à l'époque fixée pour la prestation du serment à la constitution civile, qu'éclata dans le presbytère de Guiscriff une douloureuse dissidence.

Le vieux curé consulta son vieil évêque; et sur l'avis de celui-ci, il n'hésita pas à envoyer un refus qui lui perçait le cœur, car c'était l'arrêt de son bannissement.

Quitter sa patrie pour aller traîner au loin un reste de jours, était cruel sans doute; mais ce n'était pas là ce qui faisait sangloter le pauvre curé. Ce n'était pas pour cela qu'on le voyait à l'église, pendant la nuit, embrassant les reliques des saints, et dans les hameaux, pendant le jour, répandant des larmes et des bénédictions. Mourir n'eût été rien; il s'y préparait dès sa jeunesse.

Mais savez-vous bien, hommes du monde, ce que c'est pour un curé septuagénaire que de quitter la paroisse qu'il a desservie trente ans, où il a baptisé tous les enfans, enterré tous les pères; où il n'est pas une douleur qu'il n'ait adoucie, pas une joie de la vie qu'il n'ait sanctifiée, pas une bonne pensée qu'il n'ait fait naître? Connaissez-vous sur la terre rien de semblable à cette paternité-là, rien qui doive déchirer les entrailles comme une telle séparation?

Voilà le sacrifice auquel se résigna l'abbé Denmad, sans hésitation ni murmure; voilà les douleurs qu'il mit au pied de la croix, la dernière fois qu'il célébra la messe dans son église paroissiale.

Ce jour fut le premier où les habitans de Guiscriff se doutèrent qu'une grande révolution était consommée. Le bruit de la chute du trône était à peine arrivé jusqu'à eux; mais quand ils virent s'éloigner le vieillard qui les avait tous enfantés à la vie chrétienne, ce fut un deuil à nul autre comparable. Toute la paroisse fut accablée sous ces superstitieux présages que nourrissent, en Bretagne, et la mélancolique influence d'un climat brumeux, et les traditions d'un culte primitif de la nature. Des voix furent entendues au-dessus du cimetière, une grande bataille livrée dans le ciel illumina pendant la nuit les landes de Cadigué ; le charriot de la mort, le terrible *carriguel an-ancou* avait parcouru la paroisse, et bien des portes furent, au matin, trouvées marquées d'une croix rouge. C'était ainsi que les inquiétudes populaires s'exhalaient mystérieusement, et que nombre de pélerinages à Sainte-Anne d'Auray et à Notre-Dame de Rumengol étaient entrepris pour conjurer les malheurs qui menaçaient la contrée.

Mais ce qui par-dessus tout brisait le cœur de l'abbé Denmad, c'était la crainte que le sacrifice qu'il faisait à son devoir ne fût pas imité par le bien-aimé jeune homme qui séparait de plus en plus son existence de la sienne.

L'abbé Melven considérait la prestation

du serment à la constitution civile comme un simple gage d'adhésion aux principes de la révolution ; et ce n'était pas au moment où l'Europe et surtout la noblesse émigrée étaient prêtes à s'armer contre elle, qu'il voulait refuser de s'y associer par un acte qui ne blessait point sa foi.

Voilà ce que se disait très-sincèrement le jeune vicaire ; mais nous avons des secrets pour nous-mêmes comme pour les autres. Il est une partie basse de l'âme qui ne communique point avec sa partie divine, et d'où s'élèvent les vagues ambitions, les jalousies, les espérances déréglées. Pendant que l'abbé Melven analysait le sens du serment, pour s'autoriser à le prêter, il entendait parfois une voix qui lui disait que la cure de Guiscriff était belle et ne pourrait lui manquer à la retraite du titulaire ; puis, en écoutant encore la voix, il semblait qu'on lui montrât ce premier pas comme destiné à lui ouvrir une plus vaste carrière. L'abbé Melven entendit tout cela, encore qu'il ne crût nullement céder à de telles considérations en prêtant le serment demandé.

La matinée du jour où le curé Denmad évacua son presbytère, il voulut voir l'abbé Melven, qui venait de recevoir du district de Faouët l'annonce de sa promotion à la cure vacante.

— « Jean, lui dit-il, l'instant est venu de consommer un sacrifice mille fois plus cruel pour moi que la mort. Nous avons compris différemment nos devoirs. Moi, j'ai pris le parti de l'obéissance, dont Dieu ne peut, dans aucun cas, me faire un crime; vous, vous lui devrez compte de vos motifs et de votre résolution. Vous vous croyez probablement sans reproche; mais quand le premier sentiment d'orgueil entra dans l'âme de Satan, il ne pénétrait pas l'énormité de la révolte où ce sentiment devait le conduire. Pensez-y, mon frère, ajouta-t-il d'une voix cassée par les années, mais soutenue en cet instant par une exaltation qui ne lui était pas ordinaire; puissiez-vous ne jamais désirer de voir cette journée retranchée du nombre des jours que Dieu vous donnera! puisse ce Dieu de bonté vous pardonner comme je vous pardonne! »

L'abbé Melven, bouleversé par les émotions les plus poignantes, et auquel se révélait pour la première fois, en cet instant, tout ce qu'il y avait de grave dans sa position, essaya de se justifier et de consoler le vieillard.

— « Cet exil n'aura qu'un temps, s'écria-t-il; vous reviendrez mourir à Guiscriff.

— « C'est la seule grâce que je demande à Dieu, dit M. Denmad en lui jetant un dernier regard, et j'ai la confiance qu'il me l'accordera. Que sa volonté soit faite, et non pas la mienne! »

En franchissant le seuil du presbytère, il fit d'une main le signe de la croix, tandis que de l'autre il repoussait doucement son chien Dudu, qui hurlait et semblait vouloir suivre son vieux maître.

Durant quelques mois, et jusqu'à l'interdit émané de Rome, les paysans continuèrent à fréquenter l'église paroissiale ; mais ce concours diminua peu à peu; et la foi populaire, en se retirant, laissa ce culte aride et mort comme un arbre coupé dans ses racines.

En vain le jeune curé s'attachait-il à remplir ses nouveaux devoirs avec une scrupuleuse exactitude, son zèle ne put suppléer à cet obscurcissement de la foi qui bientôt vint le saisir lui-même au milieu des plus minutieuses pratiques de la vie cléricale. L'abbé Melven pouvait se rendre la justice de ne manquer à aucun de ses engagemens ; mais déjà la froideur glaçait son âme, et de tumultueuses pensées traversaient sa tête. Le redoublement de zèle qu'il apportait à l'accomplissement de ses devoirs lui révéla promptement, et l'on doit dire que cette révélation fut pour lui singulièrement douloureuse, le caractère nouveau sous lequel ces devoirs commençaient à se présenter à lui.

Au lieu de la naïve charité qu'il apportait autrefois dans l'exercice du ministère, il y mettait une exactitude systématique et raisonnée. Cette exactitude était plus minutieuse, mais elle était moins spontanée ; sa régularité était grande encore, mais il commençait à le savoir et à s'enquérir si les autres le savaient. Son existence n'était point différente, mais elle était dominée par une foule de considérations nouvelles, et le mobile de tous ses actes était changé alors que ses actes restaient les mêmes.

C'est que l'abbé Melven sortait graduellement de la vie surnaturelle pour entrer dans la vie humaine, et que la force sacerdotale se retirait à mesure qu'il redescendait jusqu'à l'homme.

Il est une transition frappante pour quiconque a vécu dans l'ordre des idées chrétiennes : c'est l'instant où l'on passe de l'état rationnel à l'état de foi, et où la grâce, comme un sens divin, s'empare de l'être pour le transformer. Il semble que le ciel s'abaisse vers la terre, ou que l'âme monte sans effort vers des hauteurs inaccessibles. Rien ne coûte alors, depuis l'abnégation jusqu'au martyre ; on ignore le prix de sa vertu ; l'on en ignore jusqu'à l'existence. Le cœur, fomenté par le continuel contact de l'amour divin, s'y plonge comme dans un océan, et toute sa joie est de s'anéantir en se dilatant par la charité. Sitôt, au contraire, que la vie humaine reparaît, l'individualité se dessine, l'orgueil la suit, et le sacrifice redevient pénible. Le chrétien peut suivre en lui-même le perpétuel combat de ces deux principes ; et à voir ce dualisme de sentimens, qui échappe presque toujours aux yeux du monde, on dirait la lutte de l'ange aux pensées terrestres contre l'ange des inspirations célestes.

L'abbé Melven ne conserva bientôt plus en son cœur qu'une empreinte effacée de la vertu chrétienne. De pieux, il devint philantrope ; de charitable, bienfaisant. Ce fut d'abord par un grand respect de lui-même qu'il voulut suppléer à la force qui lui échappait, car il y avait en lui une dignité naturelle sur laquelle il aimait à s'appuyer dans le naufrage de ses croyances ; mais l'obligation de prêcher une parole dont son cœur se détachait de plus en plus, d'élever le sang rédempteur dans un calice qu'il approchait sans tremblement de ses lèvres, et qu'il interrogeait d'un curieux regard ; l'idée de passer pour hypocrite aux yeux des uns, et pour fanatique à ceux des autres ; tout ce qui peut entrer de tourmens dans une âme se respectant encore au milieu des mépris du monde, assaillait l'abbé Melven dans le calme apparent de sa vie. Par moment, il espérait retrouver sa foi d'enfance, et des larmes de bonheur mouillaient ses yeux : le plus souvent, en prononçant les paroles sacrées, un doute affreux le saisissait : était-il un vil jongleur ou le consommateur d'un mystère ineffable? tenait-il entre ses mains le vin de la vigne ou le sang du Calvaire?

Ce fut surtout à l'arrivée du capitaine Florent à Guiscriff que la vie de l'abbé Melven devint un long supplice. En entreprenant son éducation philosophique, Florent pensait l'amener promptement à l'état où il était lui-même; mais plus il ébranlait chez l'ecclésiastique les restes de sa foi, plus les agitations de celui-ci devenaient cruelles. Il est des êtres manquant de force pour résister au mal comme pour le supporter, et qui perdent la paix de la vertu sans arriver à celle du crime.

Le doute respectueux, formulé par Rousseau, avait été le dernier retranchement de l'abbé Melven contre les attaques du capitaine : mais en vain jeta-t-il l'ancre dans la mer sans fond du scepticisme; une seule raffale suffit pour le démarrer.

On a vu que le curé constitutionnel s'était imposé, malgré ses doutes, la loi d'une régularité ponctuelle dans ses pratiques extérieures : il n'y manqua jamais, quelque difficile que fût devenue sa situation, placé qu'il était entre les railleries des soldats et les dangers auxquels il se trouvait exposé dans un pays que les succès de la chouannerie auraient infailliblement soulevé tout entier.

Un très-petit nombre de paroissiens continuait à suivre les exercices du culte; les autres témoignaient à l'intrus un mépris non équivoque ; et la mort n'eût pu les contraindre à paraître dans une église souillée à leurs yeux par d'abominables profanations, sur lesquelles la crédulité populaire accueillait les bruits les plus étranges.

Parmi ceux qu'une communauté d'opinions politiques, la routine ou la dépendance conduisaient encore à l'église paroissiale, c'était très-sincèrement que l'abbé Melven s'attachait à entretenir les sentimens de foi et de piété dont, plus qu'un autre, il connaissait le prix. Il peignait par momens avec une déchirante éloquence, qui eût révélé l'état de son âme à un auditoire plus éclairé, les tourmens du doute et le bonheur de reposer son cœur en Dieu. Il empruntait à saint Augustin et à l'auteur inspiré de l'*Imitation,* de ravissantes images de cette quiétude chrétienne, qu'il mettait le monde au défi de remplacer par ses joies pleines d'amertume et ses plaisirs pris en courant au bord d'une tombe entr'ouverte, par ses lumières si ternes et son orgueil si corrosif. Quelquefois il se roulait au pied de la croix, et semblait vouloir s'y clouer avec son Sauveur; quelquefois il tombait dans les bras de Marie, comme un enfant malade sur le sein de sa mère; puis sa pensée se figeait en face d'un tableau de la mort, tracé par Ezéchiel, ou d'un verset du roi-prophète, annonçant aux pécheurs l'inexorable justice de Dieu.

Une personne, dans cet auditoire clairsemé, écoutait avec tremblement les paroles de l'ecclésiastique : c'était Ursule Guiader, femme du sonneur de cloches.

Elle avait d'abord éprouvé des scrupules en assistant à la messe du jureur; mais son mari, qui les partageait au fond de l'âme, n'entendait pas perdre les seules ressources qui le fissent vivre lui et ses trois enfans en bas âge. Ursule d'ailleurs avait été élevée, comme le jeune Melven, au château de Kersulio; et elle ne pouvait admettre que Jean, dont elle avait toujours entendu dire du bien, et que le digne abbé Denmad aimait comme son enfant, méritât tous les reproches qu'on lui adressait. Ursule était une douce et belle femme de vingt-cinq ans, sœur de lait de Mlle de Kersulio, et qui, lors de l'émigration de sa maîtresse, fut contrainte, parce qu'elle se trouvait sans ressource, d'épouser le sonneur de cloches. Celui-ci lui offrit de tout son cœur un toit et du pain; et c'était un bon parti pour la pauvre enfant, puisqu'il avait un ménage complet et cent écus, deux vaches, et la réputation d'un brave homme.

Cette femme, pleine de tristesse et de piété, n'entendit pas l'abbé Melven sans ressentir pour lui une sorte d'attrait qui, quoiqu'il ne ressemblât en rien à la confiance filiale qu'elle plaçait dans le vieux curé, fut assez fort pour la déterminer enfin à participer au culte constitutionnel, à l'instigation de son mari, dont l'existence en dépendait. Il lui était presque impossible de s'adresser aux prêtres cachés, et elle éprouvait une telle soif des consolations religieuses qu'elle finit par recevoir de la main du jureur les sacremens de l'Eglise.

La conscience d'Ursule, en s'approchant de la table sainte, n'était pas sans quelque trouble ; mais elle avait besoin de courage, et elle espérait en puiser là. Les dangers que couraient ses maîtres, et surtout sa jeune bienfaitrice émigrée ; la répugnance qu'elle éprouvait à filer du soir au matin sa quenouille de chanvre et à soigner sa pauvre étable, elle qui avait été élevée dans un château presque comme une demoiselle ; le peu de rapport existant entre elle, femme passionnée, et l'honnête François, qui ne savait guère que sonner le *glas* et l'*angelus*, et se moquait des blanches mains de sa femme, quoiqu'il l'aimât de tout son cœur de sonneur de cloches; toutes ces vagues douleurs, ces illusions déçues que l'on regarde comme le partage exclusif d'une civilisation quintessenciée, brisaient le cœur d'une paysanne dans une chaumière indigente de la Basse-Bretagne.

Ces peines qu'elle ne savait pas définir, Ursule les portait au tribunal de la pénitence, et l'abbé Melven en recevait l'aveu avec un sentiment plus indéfinissable encore. La douce impassibilité du ministre préposé d'en haut au soutien des faiblesses humaines, commençait à se changer en un intérêt plus sympathique. Vous qui doutez que la religion, en marquant le front de l'homme du caractère sacerdotal, lui infuse un esprit nouveau, pensez-donc à l'inconcevable épreuve par laquelle un être faible, chargé, comme le Christ, du poids de tous les péchés du monde, le porte sans succomber, et sans perdre au contact de tant de souillures, ni la chasteté de l'oreille, ni la simplicité du cœur !

Livrer à la connaissance de toutes les séductions de la vie l'homme le moins préparé à cette terrible initiation; faire arriver jusqu'à lui les dangereuses confidences des épouses, les souvenirs enflammés des veuves, les rêves confus des jeunes filles; allumer son imagination à tous ces foyers, peupler sa solitude de toutes ces images; tantôt soulever ses passions endormies, tantôt écraser sa conscience sous le poids d'aveux qui font trembler; l'exposer à désespérer des autres et de lui-même, et puis lui dire à cet homme de vingt-cinq ans :

Tu recevras tous ces aveux et tu les oublieras aussitôt; si une brûlante haleine se mêle à la tienne, si des larmes brûlantes tombent sur tes mains, tu resteras calme, et du milieu de la fournaise tu chanteras comme les trois jeunes hommes une hymne de paix et d'amour : voilà ce que prescrit la religion, voilà le miracle qu'elle accomplit à chaque heure du jour, dans une boîte de sapin collée au mur de nos églises.

L'esprit ne se retire point en un jour, et l'abbé Melven fut quelque temps à s'apercevoir de la révolution qui s'opérait en lui. Il continuait à apporter les plus grands soins dans cette fonction, la plus redoutable de son ministère ; mais avant qu'il s'en rendît bien compte, la confession d'Ursule excitait déjà chez lui une vive émotion, et c'était avec une curiosité de plus en plus inquiète qu'il recevait les aveux de cette âme agitée. Elle lui peignait les dégoûts de sa vie, qui allaient parfois jusqu'à lui faire désirer mourir ; car elle sentait qu'elle ne pourrait aimer François Guiader, et elle s'avouait inexcusable en ne l'aimant point, lui si bon pour elle. Tantôt Ursule revenait aux souvenirs de son adolescence, et la fugitive image de son jeune maître la troublait comme une apparition sinon coupable, du moins dangereuse.

L'abbé Melven s'efforçait de faire descendre la paix dans son cœur; et quand il parvenait à lui faire reprendre goût à la vie, ou seulement à la lui rendre moins amère, il était heureux, et se disait que puisque sa parole avait encore cette puissance, il n'était pas retranché du nombre des ministres du ciel. Mais il puisait graduellement ses motifs de consolation dans un ordre de sentimens différens de ceux qu'inspire la résignation chrétienne. C'était en montrant à Ursule un avenir plus doux, et non point en la mettant en présence de l'éternité et en lui faisant estimer les joies de ce monde leur juste prix, qu'il s'efforçait de lui inspirer courage. Il était devenu l'ami chaleureux d'Ursule, il n'était déjà plus son confesseur ; car les aveux de sa pénitente éveillaient en lui une curiosité toute humaine : il en était jaloux comme du témoignage d'une intime confiance.

L'abbé Melven était jeune, ses passions étaient ardentes, bien que contenues par des habitudes rigides. Il se respectait trop encore lui-même pour s'avouer complètement le genre d'intérêt qu'il portait à Ursule, et surtout pour lui permettre de le soupçonner. Cette jeune femme absorbait cependant de plus en plus ses pensées, et son front s'éclaircissait lorsqu'en montant à l'autel il la voyait derrière le pilier du chœur, immobile comme un ange en prière.

M. Melven multipliait chaque jour ses rapports avec elle ; et François Guiader commençait à servir avec moins de répugnance le prêtre jureur, depuis que celui-ci venait sans façon converser avec lui et sa femme au coin du feu. Ursule, de son côté, trouvait le curé bon et compatissant ; mais elle ne pouvait s'expliquer son extrême indulgence et la mollesse de ses conseils ; aussi le regardait-elle quelquefois avec étonnement et en silence.

IV

François Guiader était allé au marché de Gourin pour trafiquer d'une vache, et Ursule, après avoir soigné ses enfans, s'occupait à cirer un grand lit clos, le seul meuble de la maison, et qui en remplissait bien la moitié. Pendant qu'elle en décrassait les barreaux enfumés et qu'elle essayait de faire reluire un médaillon représentant un sonneur à cheval sur une barrique, elle écoutait l'intarissable bavardage de Catellic Bellen, la femme du charron, qui tenait l'auberge de l'autre côté de l'église.

— « C'est comme je vous le dis, Ursule, et vous pouvez m'en croire, quoique vous n'ayez pas vu cela dans vos livres : deux gendarmes qui allaient à la correspondance ont été tués auprès de Gournois, et ont été enterrés dans le bois de Kerandraon. L'un d'eux, à ce qu'il paraît, n'était pas bien mort, et a mis, en se débattant, la main hors de terre. Voilà comme la chose a été découverte.

— « Ce n'est pas là ce qui m'étonne, Catellic : dans ce temps-ci, il ne se passe guère de jour où pareilles choses n'arrivent ;

mais comment une femme de sens comme vous peut-elle croire que Bonaventure a reçu cinquante coups de fusil dans la poitrine, et qu'il ne s'en porte que mieux?

— « Il est possible que cela vous étonne, Ursule; cependant vous devriez en savoir plus long que moi là-dessus, puisque vous causez avec M. Melven. Du reste, pour vous dire ma façon de penser, l'on en rapporterait bien d'autres encore sur le compte d'André, que je croirais tout, de même. Vous savez que je l'ai connu, André le Creac'h, avant qu'il eût commencé à faire la vie. Il y a dix ans de ça, et il inspirait déjà une fameuse peur à tout le monde.

« Vous autres gens de Guiscriff, vous croyez qu'un homme est bien malin quand il a ôté le lait d'une vache ou qu'il en guérit une autre du *c'huesiguez* en mettant de l'urine dans son sabot gauche; mais croyez-moi, ma pauvre Ursule, André en sait plus long que ça; et il pourrait en apprendre à Pérric Dall et à Chanic Camm, quoiqu'ils se vantent d'aller toutes les nuits à Menez-hom à cheval sur les clochers.

— « Vous voilà encore, Catellic, avec vos histoires de sorciers! vous savez bien que je n'y crois pas.

— « Ce n'est pas ce que vous faites de mieux, Ursule, et je ne vois pas à quoi sert d'avoir reçu de l'éducation pour nier des choses malheureusement trop sûres. Depuis la révolution, ils ont brûlé les saints, mais je croyais qu'ils avaient conservé le diable. Vous ne me contesterez pas apparemment qu'étant servante au Cranoul, il y a déjà des années, je vis André aux luttes de Kerstang, et qu'il y gagna tous les prix, depuis le mouton jusqu'au chapeau, quoiqu'il eût affaire aux meilleurs lutteurs de Scaër.

— « C'est apparemment qu'il était le plus adroit et le plus fort.

— « Le plus fort, Ursule ! Guiader serait-il bien vigoureux s'il avait la fièvre depuis six mois, et s'il avait pris tant de *louzou* qu'il ne pût plus tenir sur ses jambes? Ce serait avoir bonne envie de nier les choses les plus claires, Ursule ; et cela pour ne pas penser comme les autres. Il y avait à Kerstang autant de monde qu'au pardon de Sainte-Anne ; et je puis bien vous assurer que personne ne doutait qu'André n'eût charmé deux grands bœufs qui paissaient dans la prairie, et dont il avait pris la force. Navadic le tailleur, qui était avec moi, me dit qu'on les avait vu tomber au commencement de la lutte, et qu'on n'avait pu les relever avant le dernier croc-en-jambe. Une autre fois, à la course de Saint-Thirien, il fit tomber deux des coureurs en arrêtant la circulation de leur sang ; et cela est si vrai que, quand Jean Cadou mit sa genisse blanche en tirrerie, il fit condition que si André se présentait il ne tirerait pas, tant on craignait qu'il ne charmât le feu des autres.

— « Vous avez toujours, ma pauvre Catellic, des histoires qui n'en finissent pas, et qui seraient bonnes à conter, le jour des Morts, autour du tison de Noël ou du feu de Saint-Jean (1). Vous devriez savoir que la religion défend de croire à tout cela.

— « Il est possible, Ursule, que M. Melven n'y croie pas, et je pense qu'il y a peut-

(1) A la veillée de la Toussaint, on fait des crêpes pour les morts, et les paysans bretons sont persuadés que tous les parens décédés dans la maison y reviennent cette nuit-là, et soupent encore à la table de famille. La jolie ballade de Burns repose sur une donnée moins douce et moins mélancolique que celle-là.

Le tison de Noël est une bûche dont on garde précieusement une parcelle, qui a la vertu de préserver du tonnerre, de donner du lait aux vaches, et bien d'autres propriétés encore.

être d'autres choses encore auxquelles il a cessé de croire, dit la vieille Bellen d'un ton grave; mais, avant la révolution, il n'était pas plus défendu de croire aux sorciers qu'aux revenans. Feu l'abbé Denmad y croyait bien, lui; et je me rappelle qu'un jour où l'on travaillait à porter des ossemens dans le reliquaire, me trouvant à passer par-là, je lui demandai s'il y avait du vrai dans tout ce qu'on disait touchant les visites

Les feux de Saint-Jean illuminent chaque année, dans la nuit du 23 au 24 juin, toutes les montagnes de la Cornouailles. Une musique bizarre, produite par la pression de joncs sur les parois d'un bassin de cuivre, excite une sorte de frémissement nerveux dans les groupes, sur lesquels la réverbération d'un feu de fougère projette une lueur rougeâtre. Chacun des assistans jette ordinairement une pierre dans le feu, et sur ces pierres viennent se ranger à la file les âmes du purgatoire, pour lesquelles on dit des prières.

que les morts rendent quelquefois aux vivans. Il me répondit alors en riant, le digne homme, qu'il serait bien aise que le bon Dieu lui permît, après sa mort, de revenir encore visiter les gens de Guiscriff, au risque de leur faire peur. »

Catellic Bellen continua encore sur ce ton, mais depuis quelque temps Ursule ne l'écoutait plus. Au moment où elle rangeait sur sa fenêtre la demi-douzaine de livres qui composait toute sa bibliothèque, un tremblement soudain s'était emparé d'elle, et elle quitta la main du petit Yaouennic, qui tomba et se prit à pleurer.

— « Mon Dieu, comme vous voilà pâle, Ursule! dit Catellic Bellen; vous sentez-vous mal? on dirait que le cœur vous manque.

— « Oui, j'ai mal au cœur... mais ce n'est rien, je n'ai besoin de rien... laissez-moi.

— « Est-ce que vous seriez obligée de

recourir encore, dans quelques mois, à l'intercession de sainte Marguerite? Ce serait prompt; car, comme disait encore ce pauvre M. Denmad, devant Dieu soit son âme, il est bon de faire le pain avant de faire ceux qui doivent le manger. Au surplus, ça ne me regarde pas; et puisque vous n'avez besoin de rien, je m'en vais, car j'aperçois des soldats qui traversent le cimetière, et je crois bien qu'ils viennent prendre le petit verre chez moi. Ce sont mes seules pratiques depuis que l'on ne hante plus le bourg les dimanches. » Et la femme Bellen, son estame à la main, reprit le chemin de l'auberge.

Ursule remit alors la tête à la fenêtre, et la personne dont l'apparition l'avait si violemment frappée reparut à ses yeux. C'était un vieux mendiant portant une besace et s'appuyant sur un bâton de houx. Ses *bragous* étaient déchirés, et son *chuppen* était cousu de mille pièces. Il portait le chapeau à larges bords des gens de campagne, mais le feutre avait pris une teinte rouge et était percé à jour de partout.

Après la sortie de la Bellen, que le mendiant paraissait avoir attendue, il vint se placer devant la porte du sonneur de cloches et commença d'une voix faible les prières d'usage. La jeune femme, immobile sur l'escabot du foyer, le sang glacé dans les veines, n'osait avancer. Le vieux Dudu fit entendre, à la voix du pauvre, un long grognement, et se leva du milieu des cendres, où il dormait presque toujours, pour s'élancer sur l'homme en haillons.

Le mendiant, assailli, faillit tomber, mais bientôt il prononça le nom du chien avec un accent qui opéra sur l'animal une véritable fascination. A peine se fut-il écrié : *Dudu, mon pauvre Dudu!* que le chien, un instant immobile, se roula aux pieds du vieillard dans de telles convulsions qu'elles semblèrent épuiser sa vie.

Ursule alors trouva la force de fixer les yeux sur ceux du pauvre, qui la regardait avec calme et continuait à réciter son *Pater*.

— « Qui êtes-vous, au nom de Dieu ? balbutia la jeune femme, d'autant plus frappée de cette apparition qu'elle coïncidait d'une manière étrange avec les dernières paroles de la Bellen.

— « Il y a quatre ans, dit avec douceur le vieillard en regardant attentivement autour de lui et en se rapprochant d'Ursule, il y a quatre ans qu'on me connaissait bien ici.

— « Serait-il possible ! s'écria-t-elle ; monsieur Denmad ! c'est vous ! oui, c'est bien vous : que Dieu et la Sainte-Vierge en soient bénis !... Comme vous êtes changé !... Mais je vous reconnais, moi : vous vivez donc encore ?

— « Oui, mon enfant, je vis, et je bénis

Dieu, qui me permet de revoir mon clocher de Guiscriff et d'entendre la voix de la plus digne de mes paroissiennes.

— « Comme ils nous ont trompés! quelle douleur ils ont causée en répandant ici le bruit de votre mort! J'ai porté votre deuil dans mon cœur, monsieur Denmad, car je ne pouvais le porter autrement. Mais grâces soient mille fois rendues au bon Dieu, qui vous a préservé pour me donner encore votre bénédiction. Oh! oui, donnez-la-moi, j'en ai bien besoin, dit Ursule en pressant la main décharnée que lui tendait le vieillard; je la recevrai comme celle de notre Seigneur lui-même. Bénissez-moi, bénissez mon dernier né! » s'écria la mère éperdue en tirant de son berceau un enfant de six mois et en l'élevant vers le vieux prêtre pendant qu'elle se prosternait à ses pieds.

— « Je vous bénis, dit M. Denmad; et

s'il y a quelque mérite dans les souffrances d'un vieillard, je prie Dieu de vous les appliquer pour vous récompenser du bonheur que je reçois en ce moment, moi qui ne me croyais plus destiné à en goûter sur la terre.

« Mais, ajouta-t-il tout à coup et en faisant un retour sur sa situation, je parle de bonheur, et je porte partout la mort avec moi. Savez-vous bien, ma pauvre Ursule, que je vous conduirais tous à la guillotine, si j'étais pris chez vous ? »

Ursule le contempla alors avec une sorte de saisissement, et le curé, se trompant à l'expression de sa physionomie, crut que cette observation avait éveillé ses inquiétudes. Il lui dit alors que son projet était de s'éloigner après avoir eu un court entretien avec elle sur un objet de la plus haute importance pour lui ; mais elle l'interrompit aussitôt.

— « Monsieur le recteur (1), lui dit-elle, je suis jeune encore, mais je ne tiens pas tant à la vie. Dans ce temps-ci la mort n'effraie guère, et l'on s'endort tous les soirs avec cette idée-là devant les yeux. Il m'est arrivé plus d'une fois de désirer que Dieu m'envoyât quelqu'un à sauver; je lui ai demandé cette grâce avec ardeur dans mes prières; et croyez bien que si les femmes pouvaient faire autre chose en ce monde que de se soumettre et de souffrir, je ne resterais point à me consumer ici pendant que le sang coule et que tant d'autres défendent la bonne cause. Je vous cacherai, monsieur Denmad, je vous protégerai, ajouta-t-elle avec exaltation. On n'arrivera jusqu'à vous qu'après m'avoir tuée; et s'ils nous prennent, vous me préparerez à la

(1) C'est le titre donné aux desservans en Bretagne; le vicaire porte celui de *curé*.

mort comme vous m'avez préparée à ma première communion. On dit qu'ils ne guillotinent pas les enfans au-dessous de seize ans; et quant à François, quoiqu'il soit peureux quelquefois, quoiqu'il ait été obligé, pour nous conserver du pain, de rester ici après vous, Dieu me dit qu'il m'approuvera. Du reste, nous avons le temps de causer avant son retour; il n'arrivera qu'à la nuit, et je vais fermer la porte de manière à laisser croire aux gens du bourg qu'il n'y a personne à la maison. »

Et Ursule, retirant la clef de la serrure en bois, ferma soigneusement la porte à l'intérieur et plaça deux planches inégales devant la seule ouverture qui servît de fenêtre. Rassurée alors pour le vieux prêtre, elle se livra sans contrainte au bonheur d'entendre de lui-même le récit de ses longues tribulations.

V

M. Denmad refusa de manger des crêpes qu'Ursule étalait avec empressement sur la table; et après avoir montré en souriant le fond de sa besace, amplement fournie de pain de seigle, il céda au plaisir de raconter ses voyages et ses aventures. Le digne homme commença ainsi :

— « Vous vous rappelez, ma pauvre Ursule, le moment où je fus forcé de quitter mon presbytère : tout le monde pleurait autour de moi, à l'exception d'une seule personne ; et ce pauvre Dudu, dont vous avez pris soin, sans doute en souvenir de son maître, poussait des hurlemens à me fendre le cœur.

« C'était au commencement de l'hiver ; et moi, dont le plus long voyage avait été de Guiscriff à Vannes, je fus obligé de me rendre au-delà de Saint-Brieuc, où je m'embarquai pour l'Angleterre, dans une petite coque de noix. C'est bien dur de voyager sur mer quand on n'a jamais marché que sur le plancher des vaches! Je vomissais pis qu'une femme grosse, et je voyais tout tourner autour de moi comme un homme saoul. Enfin, arrivé à terre, je me trouvai dans un pays où personne ne parlait plus ni français ni breton, et où les petits enfans couraient après moi à cause de ma soutane. On me hissa comme un paquet sur le haut d'une voiture allant plus vite que le vent, et j'arrivai à Londres.

« Quand vous êtes sur la plate-forme de la tour de Guiscriff, vous voyez bien du terrain autour de vous : vous apercevez Scaër d'un côté, Gourin de l'autre, en face les montagnes Noires; quelquefois vous distinguez bien loin, dans le brouillard, les maisons blanches de Carhaix, perchées sur la montagne comme un nid de buse : eh bien, mon enfant, Londres est aussi grand que tout ce pays-là. C'est un assemblage de maisons, de palais, de navires et de clochers, de vaisseaux hauts comme trois fois la tour, et d'églises dans lesquelles Guiscriff danserait avec toutes les chapelles de la paroisse. Mais dans ces églises il n'y a que les quatre murs, des bancs, une chaire et un grand orgue qui fait plus de bruit que cent *binious* à la fois. Les prêtres sont là en habit noir et ont des femmes et des enfans. On dit que les curés de campagne rapportent dans ce pays beaucoup d'argent, et que les curés viennent le manger à Londres, en se faisant remplacer par des vicaires qui meurent de faim, et dont peu d'auditeurs écoutent les prônes ; du reste, leur religion ne consiste guère qu'à prêcher ; et mon cœur se resserrait en entrant dans ces grandes églises toutes nues, dont la plupart, mon enfant, sont des monumens de la piété catholique qui survivent à la foi de nos pères et semblent attendre sa renaissance.

« J'aurais perdu la tête au milieu de cette ville aussi enfumée que la forge de Jean Bellen, et où l'on entend un tel tintamarre qu'il est impossible d'y reposer ni jour ni nuit, si je n'avais rencontré des prêtres français exilés comme moi. Nous subsistions là, dans un faubourg écarté, de la charité du gouvernement, assez petitement du reste; car, figurez-vous bien, ma pauvre Ursule, que toutes les offrandes faites à Notre-Dame-du-Rosaire pendant l'année, ou à Saint-Éloy le jour du pardon, ne suffiraient pas pour vivre une heure à la manière des grands seigneurs de ce pays-là. Ils ont des millions de rentes et des voitures tout en or, ce qui ne les empêche pas d'aller quelquefois à pied et de faire même le coup de poing dans la rue. Nous demeurions tous ensemble, mettant en commun nos petites ressources et attendant chaque matin la fin de la révolution, qui n'arrivait jamais. Il n'y avait pas de jour où des gentilshommes émigrés ne vinssent nous dire qu'on avait proclamé le roi à Paris, qu'il y avait 300 mille hommes levés dans la Bretagne, et que les étrangers avaient remporté de grandes victoires qui allaient en fumée comme leurs promesses.

« Ces messieurs se frottaient les mains, et étaient toujours contens. Pour moi, je commençais à trouver le temps bien long, et je saisis avec empressement l'occasion de m'embarquer pour une île qu'on appelle *Jersey,* qui est en face des côtes de Bretagne. Je trouvai là une grande quantité de nobles et de prêtres de notre cher pays, et je me remis à parler breton dans toute la joie de mon âme. J'allais chaque soir sur la grève, et mon pauvre cœur était joyeux quand, au milieu des brouillards de l'horizon, j'apercevais un point gris qu'on me disait être la terre, ou une petite voile blanche rasant la mer comme l'aîle d'un goêland. Il me semblait que le vent soufflait plus doux de ce côté ; et souvent, en collant mon oreille contre terre, je crus distinguer au loin des voix connues. Ce fut à Jersey que j'eus le bonheur de revoir la famille de M. le marquis de Kersulio. »

Ici, Ursule fit un mouvement comme pour interroger le vieux prêtre.

— « Attendez, dit-il, laissez-moi répandre goutte à goutte le calice de ma douleur; votre curiosité ne sera que trop tôt satisfaite.

« Le gouvernement anglais se décida enfin, après deux ans d'une cruelle attente, à faire une expédition pour secourir les chouans, dont on nous racontait des miracles. Je n'avais nulle envie d'aller à la guerre, car cela ne paraissait pas convenir à mon état; mais on ne tint pas compte de mes scrupules, et l'on m'embarqua sur un grand vaisseau, au milieu de soldats et de boulets, en m'annonçant que pour cette fois j'allais retourner à Guiscriff sans retard.

Mais je voyais bien que c'était encore là comme à Londres; les grands se disputaient entr'eux, ils n'étaient d'accord sur rien, tout en disant que le succès était certain, et que c'était à eux qu'on devrait tout.

« Pour moi, je n'avais pas confiance, et j'avais beau prier Dieu, et invoquer les fidèles trépassés pour obtenir un sommeil tranquille, il ne se passait pas de nuit où je ne fusse accablé par de sinistres visions. C'étaient des voix singulières, des cris plaintifs et des coups de fusil qui me réveillaient en sursaut.

Cela m'agita tellement que je crus devoir m'adresser à mon vénérable supérieur, monseigneur l'évêque de Dol. Le saint homme me répondit que Dieu lui envoyait aussi de sombres pressentimens, mais qu'un prêtre devait être préparé à tout.

« Cependant, je l'avoue, quand notre vaisseau fut arrivé en face de Carnac, et que je vis devant moi nos landes chéries avec les clochers qui se montraient dans l'éloignement, j'oubliai un instant toute ma tristesse, et je me sentis aussi gai qu'au moment où, dans mon enfance, je frappais sur l'aire, en poussant les *youaden* du *purzorn* (1). L'empressement d'une âme du purgatoire à sortir du milieu des flammes, n'est pas plus grand que celui que j'éprouvai pour être mis à terre. J'abordai enfin, et je reconnus nos gars morbihannais à leur *chuppen* court, à leur ceinture rouge et à leurs longs cheveux flottans sur les épaules. Leur *penbas* était remplacé par un fusil qu'ils maniaient bien, par ma foi. On me montra Georges, un petit paysan de Grand-Champ, devenu général, qui se promenait là, avec un habit vert, un chapeau

(1) Cris de joie du cultivateur, pour célébrer la fin de la moisson.

et un plumet blanc plus haut que lui.

« Mais après le débarquement, les chefs se mirent encore à se quereller pis que jamais, disant tous du mal les uns des autres, et chacun protestant qu'il n'y avait que lui seul pour faire triompher la cause de Dieu et du roi. On resta là plus d'un mois sans avancer; et l'armée qui était venue, disait-on, pour conquérir la France, se retira dans Quiberon, une presqu'île sans arbres et sans eau, moins grande que la lande de Guiscriff.

« Mais les généraux républicains, qui étaient plus malins que les nôtres, ne nous y laissèrent pas long-temps tranquilles. La trahison leur livra le fort qui nous protégeait, et ce fut alors un spectacle à faire pitié. Nous traînions avec nous une armée de femmes et d'enfans pas plus grands que les vôtres. Toute cette multitude se précipita vers la mer; les uns furent engloutis, les autres tombaient sous la mitraille, au moment où ils atteignaient la flotte anglaise.

« Un digne gentilhomme de la Cornouailles, qu'une chaloupe vint chercher, m'ordonna de m'accrocher à son habit, et je fus hissé à bord avec lui. Mais j'appris bientôt que monseigneur de Dol et tous mes confrères étaient prisonniers, et que M. Louis de Kersulio n'ayant pu regagner la flotte, avait été arrêté et dirigé sur Auray, avec ses malheureux camarades.

« Vous savez, Ursule, que la famille de Kersulio est depuis des siècles la bienfaitrice de Guiscriff. J'avais baptisé M. Louis, j'avais marié sa mère. En quittant Jersey, cette femme chrétienne m'avait dit, les larmes aux yeux : « Je vous confie mon fils ; ne le quit- « tez ni à la vie ni à la mort; et s'il succombe, « parlez-lui de Dieu et de sa pauvre mère. »

« Je n'hésitai pas en me rappelant tout cela, et je crus que la Providence me voulait à terre. Je communiquai mon dessein au capitaine, qui ne m'écouta pas d'abord. Il y avait sur notre vaisseau un prêtre protestant: je le suppliai d'intercéder pour moi, en lui expliquant mes motifs. Il me répliqua qu'il faudrait être fou pour s'exposer à de tels dangers; que c'était là du fanatisme et non de la religion. Je répondis à ce monsieur que je n'avais, moi, ni femme ni enfans, que je ne tenais guère à mourir un peu plus tard ou un peu plus tôt, et que les recommandations d'une malheureuse mère me poursuivraient toute ma vie, si je ne tentais au moins de m'y conformer. J'insistai donc vivement; et comme les vivres commençaient à manquer à bord, on m'accorda enfin ma demande, et je fus mis à terre pendant la nuit, à deux lieues environ d'Auray.

« J'espérais que la bienheureuse sainte Anne ne m'abandonnerait pas; et comme je connaissais quelques personnes dans la ville, je me décidai à y pénétrer avant le jour. Le premier détachement des prisonniers, dont l'évêque de Dol et M. Louis faisaient partie, venait d'être dirigé sur Vannes ; je me remis donc en route le soir, avec une recommandation pour une digne famille de cette ville, qui avait souvent caché des prêtres.

Il y a d'Auray à Vannes trois mortelles lieues; je fis plus du double pour éviter la grande route, encombrée de troupes, même pendant la nuit. Il pleuvait à torrens, et le tonnerre roulant de montagne en montagne, semblait continuer la canonnade de Quiberon. Mon esprit était plein d'horribles souvenirs et de présages plus horribles encore. Je tombais à chaque pas, et je croyais rouler sur des ossemens; j'étais trempé de pluie, et cette pluie me paraissait tiède comme du sang. Dans cet état, je serais mort sans aucun doute, si je n'avais été soutenu par l'espérance d'accomplir un devoir.

« Mais cette espérance elle-même était prête à m'abandonner. Le bruit du vent dans les feuilles, celui de mes pas sur la terre me faisaient trembler; les branches d'arbres me semblaient de longs bras prêts à me saisir. Dans cet instant où mon cœur touchait presque au désespoir, j'eus l'inspiration de m'adresser à Dieu et à Notre-Dame-du-Bon-Secours, et je fis vœu de venir encore une fois prier dans l'église de Guiscriff, et de célébrer la messe dans la chapelle de mon saint patron, si j'étais assez heureux pour voir M. Louis, et pour lui procurer une bonne mort, dans le cas où il serait impossible de le sauver.

« A peine avais-je conçu cette pensée, que je reçus des forces nouvelles. On eût dit que les saints anges écartaient les obstacles de mon chemin et me portaient sur leurs ailes, tant je marchais avec rapidité. J'arrivai enfin à Vannes avant le jour, et j'y fus accueilli comme l'étaient chez les premiers chrétiens les victimes des premières persécutions.

« Je n'avais pas passé vingt-quatre heures dans cette ville, que, par la protection d'un municipal qui avait accepté sa charge pour faire le bien, je pus m'introduire dans la prison, déguisé en garde national. Je vis le pauvre M. Louis, qui avait grand besoin de force et de consolation. Il passait son temps à écrire à sa mère des lettres qu'il déchirait, parce qu'il craignait de l'affliger encore davantage.

« C'est difficile, mon enfant, de quitter la vie à vingt-trois ans, quand on y laisse tant d'êtres qui vous chérissent, quand on est né avec d'aussi belles espérances. Il y avait chez ce malheureux jeune homme un combat entre son courage et sa tendresse pour les siens, mais j'eus enfin le bonheur de le calmer en lui parlant du bon Dieu, auquel il n'avait guère pensé depuis qu'il était entré au service. Je lui fis sentir, du mieux que je pus, la vanité de toutes les choses d'ici-bas. Un pauvre curé comme moi n'est pas éloquent et n'a pas l'habitude d'exhorter les gens du grand monde; mais ce jour-là je reçus d'abondantes grâces, car à peine lui eus-je présenté un crucifix, qu'il le pressa sur ses lèvres avec amour et que son cœur fut soulagé. Je l'encourageai à imiter notre Seigneur, qui s'était rendu *obéissant jusqu'à la mort, jusqu'à la mort de la croix;* et après qu'il se fut confessé, je n'eus plus d'autre souci que de calmer ses remords et de modérer son ardeur pour le martyre. Ce pauvre enfant qui, la veille, se tordait les mains de désespoir en songeant aux bois de Kersulio et à tout ce bonheur d'enfance d'un fils bien aimé, était doux comme un agneau, quand on vint annoncer aux prisonniers l'instant où le jugement serait exécuté. « Adieu, me dit-il ; assurez bien ma « mère que je meurs en chrétien, et rési- « gné, grâce à vous, à la volonté de la Pro- « vidence. » Alors il m'embrassa pour la dernière fois, et me donna cette bague, que je porte depuis sur mon cœur, enveloppée dans ses cheveux.

— « Oh! donnez, donnez, monsieur, s'écria Ursule, suffoquée par ses sanglots; laissez-moi baiser ces reliques d'un martyr. Je savais bien qu'il était mort, moi ; nul ne me l'avait dit, mais je n'en étais que trop sûre. Dieu m'a envoyé son intersigne, monsieur Denmad ; je voulais ne pas y croire, mais à présent je vois bien que ce qu'on dit n'est malheureusement que trop vrai. Je l'ai vu tout couvert de sang, je l'ai entendu tomber à terre comme un corps mort : c'était lui, ô mon Dieu ! mon Dieu !

— « Calmez-vous, mon enfant, dit M. Denmad; nous prierons Dieu ensemble pour le repos de son âme; ce sera pour lui que je célébrerai la messe à Saint-Guénolé. »

Quand la jeune femme fut en état de prêter quelque attention à ces paroles, et après qu'elle l'eut prié de continuer, le vieux curé poursuivit :

« Il ne m'était pas possible de conduire moi-même le patient à la mort; cependant j'espérais l'apercevoir du grenier de la maison où j'étais caché, et qui donnait sur la promenade de Vannes : c'était de là que je lui avais promis ma dernière bénédiction. Mais le détachement de prisonniers dont il faisait partie prit une autre direction, et je ne pus le voir consommer son sacrifice. En revanche, je vis ranger au-dessous de ma fenêtre les compagnons du vénérable évêque qui avait été si bon pour moi, et qui marchait à leur tête avec autant de calme qu'à une procession. Je fus sur le point de crier que j'étais prêtre aussi, et de réclamer ma place au milieu d'eux. Mais je me rappelai que je n'avais pas plus de droit de disposer de ma vie que de résister à la mort; je me mis donc à genoux, et je récitai jusqu'à la fin les prières des agonisans. Le bienheureux ressemblait à un séraphin entouré d'une légion de démons. Un surtout, celui qui commandait le feu, avait une figure que je n'oublierais pas, quand je devrais vivre mille ans; il me semble que je le reconnaîtrais dans l'enfer entre tous les anges de Satan.

« Je passai encore un mois à Vannes; mais la maison où j'étais caché étant devenue suspecte, je dus la quitter de nuit et déguisé, et l'on me donna un guide pour rejoindre les chouans. Le matin même, la maison fut cernée et bouleversée de la cave au grenier par une visite domiciliaire. L'on trouva mon lit encore chaud ; mais, comme dirent les bleus, l'oiseau était déniché.

« Nous marchâmes long-temps, moi et le paysan qui me conduisait, évitant les villages et les routes fréquentées, en ayant soin de nous diriger vers la côte. Nous tombâmes, le soir, dans les avant-postes de la division du *Roi de Bignan*. Conduit devant le chef, il allait me faire fusiller comme espion, parce que je n'avais pas de preuve de ma qualité, lorsque Lanic le Guen, de Magor, qui avait déserté, vint m'embrasser en pleurant et en m'appelant M. le recteur. Guillemot me fit conduire alors au quartier-général de Georges, qui m'attacha à son conseil civil avec l'abbé Boutoullie et l'abbé Guilvic, dont vous avez peut-être entendu parler.

« Mais on discutait là sur des affaires qui n'étaient pas à ma portée, et puis je voyais prendre des résolutions qui ne me semblaient pas toujours chrétiennes. Si je faisais des observations, l'on me traitait comme un vieux radoteur, et l'on me répondait que la guerre civile ne se fait pas sans verser du sang, ce qui est malheureusement trop vrai, ma pauvre enfant, car j'en ai vu répandre beaucoup et de toutes les manières.

« Je me souviens, entre autres, qu'après l'affaire d'Elven, quand le général Georges eut pris l'église, défendue par trois cents bleus, il fut décidé qu'on les fusillerait à l'instant même, en représailles des chouans que les républicains fusillaient tous les jours. Il y avait parmi eux beaucoup de jeunes réquisitionnaires de ce quartier-ci ; ils parlaient breton et n'avaient pas encore coupé leurs cheveux : cela me fendit le cœur, et je me promis bien de ne rester que le moins longtemps possible au milieu de tout ce carnage. J'avais peur que quelques gouttes de sang ne souillassent ma robe de prêtre ; car si j'avais fait le sacrifice de ma vie, je ne pouvais me résigner à voir disposer si légèrement de la vie des autres, et à voir envoyer dans l'éternité tant d'âmes si peu préparées à ce passage.

« Après que le conseil eut décidé que l'insurrection serait organisée dans le quartier de Gourin, afin de rallier les bandes éparses du Finistère et des Côtes-du-Nord, on me fit partir avec le général divisionnaire qui avait le commandement de ce canton. Depuis, M. Debar, voyant que je ne voulais me mêler de rien, m'a permis de me diriger du côté de Guiscriff avec André le Creac'h, dont le nom de guerre est *Bonaventure,* et qui est chargé de faire une levée dans cette paroisse. Nous avons marché long-temps, presque toujours de nuit ; et voilà trois jours que j'ai quitté sa bande pour venir accomplir mon vœu. J'ai compté sur François ou sur vous, ma chère enfant, pour pénétrer pendant la nuit dans mon église, d'où me chasse un malheureux transfuge du service de Dieu, aux profanations duquel j'espère bien que vous n'assistez pas, ajouta M. Denmad en regardant attentivement la jeune femme, qui baissait les yeux. Le Ciel vous récompensera de votre charité, ma fille; et pour obtenir le pardon de vos fautes, jetez, comme la Magdelaine, ce dernier parfum sur mes pieds, car je sens que mon heure approche et que Dieu me prendra bientôt dans sa miséricorde.

— « Dieu vous a inspiré une pensée bien dangereuse, monsieur Denmad, et ce n'est qu'au péril de vos jours que vous pénétrerez dans l'église, dont la moitié est occupée par les soldats. Mais, pour moi, je ferai tout ce que vous voudrez, dit Ursule. Vos paroles viennent du ciel : celles-là auront le pouvoir de me calmer et de m'absoudre. Oh! je suis coupable! j'ai péché par faiblesse contre Dieu et contre vous, monsieur le recteur. Mais peu m'importe désormais de mourir de faim, il faut que François quitte les cloches, quoique ce soit notre seule ressource.

— « Modérez-vous, dit M. Denmad en lui serrant affectueusement la main; n'oubliez pas que vous avez de petits enfans à nourrir; c'est Dieu même qui vous impose ce devoir. Nous causerons plus tard de tout cela, mais ce n'est pas le moment.

— «Vous avez raison, monsieur Denmad, car la nuit s'avance. Voici, dit-elle en regardant entre les deux planchettes de la fenêtre, Jean Quemener qui revient du marché, la tête avancée sur le cou de son cheval; il est saoul comme le vin, et il faudra que la charrette de son village vienne le chercher dans la douve avec une lanterne. François ne doit pas être loin : quand il arrivera, monsieur le recteur, vous vous cacherez au bout de la maison, dans la crêche au fond de laquelle vous savez qu'il y a une porte donnant sur le *liorz* (1), par où vous pourrez sortir sans être aperçu, si la Sainte-Vierge n'a pas mis François dans les dispositions que j'espère. Je réponds de lui, s'il est à jeun; mais, sans être ivrogne, il se saoule quelquefois comme les autres, surtout les jours de marché. »

Elle avait à peine achevé, qu'elle aperçut le sonneur de cloches marchant droit et ferme, la pipe à la bouche et le *pen-bas* (2) à la main. Le curé passa derrière la file de longues pierres brutes qui, dans les chaumières de Basse-Bretagne, séparent sou-

(1) *Liorz*, lieu servant à l'aménagement des foins et pailles, dans les fermes de Basse-Bretagne.

(2) *Pen-bas*, bâton à boule, d'une antiquité immémoriale en Bretagne.

vent la maison de l'étable, pendant qu'Ursule allait ouvrir.

— « Vous voilà de bonne heure, François; il ne paraît pas que vous ayez fait grand chose au marché.

— « Quelles affaires voulez-vous qu'on fasse dans un temps comme celui-ci, où l'on n'ose pas seulement envoyer ses bêtes en foire, de peur qu'elles ne soient prises de réquisition?

« Le Branquet de Kerandraon ne me disait-il pas que, l'autre nuit, il lui est tombé une bande de chouans qui ont pris sa plus belle vache, et que, quelques heures après, un détachement de bleus, lequel pouvait rencontrer les autres, est venu enlever son taureau rouge de l'année? Il a été payé, comme vous pensez, en belles images de la république et du roi Louis XVII, bonnes pour allumer la pipe. Elevez donc des bestiaux après ça!

— « Disait-on autre chose de nouveau à Gourin?

— « Du nouveau, non; car le malheur n'est pas nouveau maintenant. J'ai vu Yvon Gourmellen, qui pleurait à chaudes larmes, parce qu'il venait de recevoir l'extrait mortuaire de son fils, tué aux armées. On dit aussi que le petit Penfoullic a été tué dans les chouans; on dit bien d'autres choses encore, ajouta-t-il d'un air qui tenait le milieu entre l'importance et la légèreté.

— « Quoi donc? demanda Ursule.

— « Bah! des contes comme on en fait tant, des choses auxquelles vous ne croiriez pas, quand même je vous les dirais.

— « Mais que dit-on, François, je vous en prie?

— « Quelques personnes prétendent avoir vu un mort parcourir la paroisse de Guiscriff.

— « Est-il possible, François! s'écria

la jeune femme tremblante; on dit cela!

— « Oui, un mort qui ne vous ferait pas peur, que nous avons tous connu et bien aimé de son vivant, le pauvre M. Denmad, qui est trop bien en paradis pour revenir rôder par ici. On parle de ça tout bas, comme vous devez croire; les uns disent l'avoir vu enveloppé d'un drap blanc, d'autres affirment qu'il s'est changé en corbeau quand on s'est approché de lui. Moi, je n'aime pas toutes ces histoires de mort, et je n'y crois que le moins possible; cependant il pourrait se faire que feu M. Denmad apparût à ses paroissiens pour leur demander des prières.

— « Eh bien! François, s'il venait nous en demander, s'il avait besoin de vous, par hasard, lui manqueriez-vous? dit Ursule fort agitée.

— « La belle question, Ursule! croyez-vous donc qu'on n'a plus d'âme à sauver, parce qu'on est resté sonneur de cloches avec M. Melven? Là où la chèvre est attachée il faut qu'elle broute, surtout quand on a fait tant que de se marier et d'avoir des enfans ; mais je sais apparemment aussi bien que vous ce qui est dû aux morts, et je n'ai pas plus envie qu'un autre d'être tiré par les pieds pendant la nuit, si ce qu'on dit est vrai.

— « Mais si M. Denmad n'était pas mort et qu'il vînt reclamer de vous un service ?

— « Vous rêvez, dit François.

— « Peut-être que non, reprit Ursule. Nous avons pu être trompés. Que sait-on? Ces bruits-là me donnent de l'espérance. Peut-être Dieu nous fera-t-il encore la grâce de revoir M. le recteur. S'il arrivait un soir, François, dans cette maison, qu'il aimait tant ; s'il nous disait, à nous qu'il a élevés comme un bon père : « Mes enfans, je n'ai
« pas un lit pour me coucher, pas un mor-
« ceau de pain à mettre sous la dent; si

« vous me renvoyez, je suis perdu, car on
« va me découvrir et me guillotiner; cachez-
« moi, pour l'amour de Dieu! » S'il vous
parlait, François, du temps pendant lequel
il vous fit du bien, le mettriez-vous à la
porte comme un voleur? lui diriez-vous :
Allez, je ne vous connais pas; auriez-vous
bien, François, le cœur de le lui dire? »

Les yeux de la jeune femme s'étaient animés pendant qu'elle prononçait ces paroles; elle gesticulait avec feu; et sous le costume noir des femmes de Gourin, la tête couverte d'une coiffure blanche retombant en longues banderolles sur ses épaules, elle ressemblait à un sombre génie menaçant l'ingratitude de toutes les vengeances du Ciel.

— « Vous voilà encore dans vos lubies, femme, dit Guiader en cachant sous cette ironie l'émotion qu'il éprouvait. Plaise à Dieu pourtant que vous disiez vrai! Dans ce cas, je saurais bien ce que je devrais faire.

On n'est pas un coquin pour être un ignorant, Ursule, et la guillotine fait moins de peur que l'enfer : on ne meurt qu'une fois, et un mauvais quart d'heure est bientôt passé.

— « Oui, vous êtes un brave homme, un digne homme, François! s'écria Ursule en se dirigeant vers la porte pour la fermer : n'ayez pas peur, et vous allez voir aussi le revenant. »

M. Denmad parut alors aux yeux du sonneur de cloches ébahi, et le curé le convainquit bientôt, à la manière de saint Thomas, de la réalité de son existence.

Le sonneur de cloches ne se sentait pas de joie ; les beaux jours de sa jeunesse lui revenaient en mémoire. En retrouvant son curé, son vrai curé, il revoyait son église ornée de toutes ses pompes, pleine d'un peuple immense et d'un silence religieux, que François Guiader, placé au lutrin, interrompait seul par ses chants.

Après qu'on eut longuement causé de l'église chérie et que le curé se fut fait rendre compte de sa désolation actuelle, les deux époux Guiader décidèrent que M. Denmad passerait au moins la nuit chez eux ; car il eût été impossible qu'il y séjournât long-temps en sûreté : la maison du sonneur de cloches était trop rapprochée du poste et trop fréquentée par M. Melven et les bleus, pour que l'abbé Denmad consentît à exposer à ce point la vie de ses hôtes. Il leur annonça, d'ailleurs, l'intention de retourner à la loge de Perric Dall, dont il avait eu beaucoup à se louer, malgré sa réputation équivoque. Il fut convenu que le sonneur de cloches laisserait la porte de l'église ouverte pendant une nuit de la semaine suivante, époque où finissait le clair de lune, et que M. Denmad profiterait de ce moment pour accomplir une partie de son vœu. Ces arrangemens terminés, les époux étendirent sur le foyer tiède encore quelques bottes de paille, puis exigèrent que M. le recteur reposât, dans la grande boîte carrée que les Bas-Bretons appellent un *lit clos*, son corps épuisé par tant de fatigues et d'émotions.

Un sommeil paisible vint bientôt clore les paupières du prêtre ; des songes dorés animèrent son pâle visage d'un sourire suave, de ce sourire des vieillards, rapide et mélancolique comme un rayon du soleil d'hiver. Devant ses yeux passaient et repassaient tantôt des groupes d'enfans s'avançant pour la première fois vers la table sainte, tantôt d'heureux couples arrivant à la paroisse sur des chevaux tout blancs d'écume. Au chant lent et solennel des processions se mêlaient les éclats perçans du *biniou*, les notes sonores du haut-bois : c'étaient de vagues images et de confuses harmonies qui berçaient son âme, de paix, de bonheur et d'extase.

Le sonneur de cloches éveilla M. Denmad au moment où un soleil terne et opaque se dégageait du milieu d'une brume épaisse. C'était l'heure de sonner l'*Angelus*, et le vieux prêtre partit pour regagner la loge de Perric Dall, située dans la grande lande de Saint-Maudé.

VI

En traversant l'Armorique centrale, on se trouve en face d'une nature qui saisit, non d'un transport vif et soudain comme une vue grandiose des Alpes ou une percée sur l'Océan, mais d'une manière intime et profonde. Ce ne sont plus les belles cultures des Côtes-du-Nord et du pays de Léon, ni les gras pâturages d'Ile-et-Villaine, ce sont des landes, des landes arides et sans fin. Quelques fossés couverts de haies vives et dérobant la vue d'oasis labourées, de loin en loin de rares villages sans arbres et sans verdure, autour de soi d'immenses plaines de bruyères ou des chaînes de monticules s'enchevêtrant l'un dans l'autre : tel est l'aspect uniforme de la contrée qui s'étend des montagnes d'Arrhé au centre du Morbihan, et qu'arrosent le Blavet, le Scorff et l'Hellé.

L'étranger qui parcourt la Bretagne peut sans doute y trouver de plus imposans spectacles : s'il visite le promontoire solitaire de Saint-Mathieu, dont les saintes ruines tombent en ce moment sous un marteau vandale, s'il escalade les roches de Penmarc'h baignées d'écume, la pointe du Raz, qui étend dans l'Océan sa carcasse décharnée comme celle d'un immense dromadaire, sa tête s'exaltera jusqu'au vertige, et au bord de gouffres où soufflent d'éternelles tempêtes, son oreille entendra des bruits qu'oreille n'entendit jamais en autre lieu ; si, par une belle matinée du printemps, alors que les rayons du jour caressent les vagues endormies, le flot le porte sous les grottes fantastiques de Crozon, à la vue de ces voûtes hardies et diaprées de mille couleurs, il se croira transporté dans le monde de saphir rêvé par l'imagination orientale.

Mais ces côtes sont le magnifique encadrement d'un pays monotone. Une végétation rare, des ajoncs d'une verdure sombre, sur laquelle tranche la verdure plus noire encore de quelques buissons de houx, des champs de fougères d'un rouge pâle, d'innombrables blocs de granit rongés par un lichen grisâtre, tous adhérens à ce sol primitif que ni le labeur de l'homme ni les révolutions du globe n'ont entamé, voilà ce qui imprime une physionomie si profondément individuelle à la nature armoricaine.

Tout concourt à la sévère unité du paysage, et les bruits de la mer lointaine, et les chants lentement cadencés des paysans faisant paître sur leurs rases montagnes de maigres troupeaux de *saôutmene* (1), et la vue d'une dévotieuse chapelle ou d'un dolmen druidique. Quelquefois ce sont de longues files de *meinhirs* ou les restes d'un vaste *cromlec'h* circulaire, assis sur le flanc d'une montagne aux arêtes saillantes, au front nu et pelé comme une tête de vieillard, ou bien des croix de salut plantées dans les rochers ou façonnées avec

(1) Vaches des montagnes.

leur masse : comme pour dire que là aussi la religion a vaincu, et que les ténèbres de l'idolâtrie ont disparu devant elle!

Mais combien cette impression déjà si vive n'est-elle pas plus saisissante encore quand, au sein de cette nature immobile depuis la création, on voit se mouvoir une race d'hommes immobile comme elle dans ses mœurs, dans ses croyances, et dans ce mystérieux idiome que les prêtres d'un autre culte parlaient au pied d'autels encore debout! Race singulière qui, tandis que l'Europe se précipite vers des destinées nouvelles, présente seule quelque chose de l'immutabilité orientale! Tout cela s'efface, sans doute, mais ce paysage offre encore une majestueuse harmonie; et pour qui voudrait renfermer dans un poétique symbole le tableau des siècles écoulés, je ne verrais rien de mieux que l'Armoricain à la longue chevelure assis au pied d'un *dolmen,* dans les bruyères du Morbihan ou sur ses grèves solitaires.

Dans une des grandes landes entourant Guiscriff, et à trois quarts de lieue environ du bourg, était établie la loge de Perric Dall. C'était une sorte de terrier creusé sur le penchant d'une de ces éminences élevées de main d'homme, et auxquelles les archéologues, sans s'accorder sur leur mystérieuse destination, ont donné le nom de *Tumulus* ou de *Barrow*. Cette loge était couverte en genets et en fougères. Dans ce quartier, la plus grande partie de la population indigente se construit ainsi des demeures souterraines sur des terres vagues dont les propriétaires sont à peine connus, et où paissent librement les troupeaux de tout le voisinage.

M. Denmad était depuis deux jours dans ce bouge, attendant avec impatience que la clarté de la lune n'illuminât plus le ciel. Perric Dall, qui avait reçu le vieux curé avec un admirable dévouement, et dont Bonaventure avait fait son principal agent dans ce quartier, était un de ces êtres qu'on ne trouve plus qu'en Bretagne, et dont l'espèce est tellement perdue que l'on paraît, en la peignant, tracer un tableau de fantaisie. C'était un vieux sorcier, vivant de sortiléges, et qui, à l'époque de la moisson, faisait sa quête dans les villages tout aussi régulièrement que le curé et son vicaire.

Perric Dall était à la fois l'instrument de Dieu et l'instrument du diable : c'était à lui qu'apparaissaient les âmes en peine ; c'était lui qu'on chargeait de recueillir de porte en porte le prix des messes de *tu-pe-zu* (1) ; il était l'opérateur tout puissant qui relevait la luette en arrachant au malade une poignée de cheveux, et reboutait les côtes *tombées*

(1) Messes qui déterminent la guérison instantanée ou le décès immédiat du malade.

en disant des prières *ad hoc.* Perric remplissait d'eau merveilleuse la burette destinée à guérir les maux d'yeux; et pour préserver du *barat* (1), il mettait dans un sachet un nombre impair de feuilles de bétouane, de grains de sel et de morceaux de cire bénite. Le sorcier était presque aveugle, quoiqu'il vît mieux, assurait-on, de nuit que de jour; et c'était à cette infirmité qu'il devait le surnom de *Dall,* qui a la même signification dans tous les dialectes celtiques. Les jours de pardon, on l'apercevait sur le placite de la chapelle, portant au cou un long rosaire, accroupi sur ses genoux, étalant de larges plaies produites par l'application de caustiques.

Pendant longues années, M. Denmad

---

(1) Sorte de maladie de langueur que certaines personnes ont la puissance de donner *en jetant un sort.*

avait essayé de le faire renoncer à ce genre de vie et à ces superstitieuses pratiques; mais c'était vainement qu'il lui refusait ses pâques, et qu'il le menaçait quelquefois de ne pas l'enterrer en terre bénite : d'une part, ces pratiques le faisaient vivre sans travail, ce qui est la suprême félicité aux yeux d'un Bas-Breton; de l'autre, Perric croyait de très-bonne foi à la puissance de ses sortiléges : de telle sorte que la friponnerie se confondait chez lui avec le fanatisme, ainsi qu'il arrive à des thaumaturges d'un ordre plus élevé que Perric Dall.

L'abbé Denmad avait trouvé dans la loge de cet homme un refuge d'autant plus assuré, qu'il y vivait seul, et que les terreurs populaires en écartaient ordinairement les passans. Une joyeuse espérance éclaircissait en ce moment la physionomie du curé, pendant qu'il déjeunait d'un morceau de pain noir, et se désaltérait au *pichet* de terre glaise.

— « Vous ne m'accuserez pas aujourd'hui, monsieur le recteur, de travailler à une œuvre du démon, car je suis *basvalen* pour un mariage entre la servante et le valet du kerland; deux jeunes gens qui commencent avec près de 300 écus, et qui, s'ils vous savaient ici, monsieur le recteur, vous prieraient bien sûr de les marier, car ils sont trop bons chrétiens pour avoir affaire au jureur. A propos du jureur, il nous faut donc encore rester aujourd'hui sans approcher de l'église? C'est dur, pourtant, le jour de la Toussaint! Nous deviendrons païens, si cela continue. »

En parlant ainsi, Perric se revêtait des attributs du *basvalen*, et chaussait un sabot d'un pied et un soulier de l'autre. Après qu'il eut terminé son accoutrement, il attacha une petite corde au collier de son chien *Roussic*, et sortit en chantant de la loge.

Un homme y entra peu d'instans après : c'était un paysan d'un peu plus de cinq pieds, aux larges épaules, à la taille trapue, aux bras courts et gros. Une chevelure rouge et crépue recouvrait son dos; son teint était fauve; mais un œil noir, brillant comme une escarboucle, donnait à sa physionomie une expression d'intelligence et de force. Il était mis comme tous les cultivateurs de ce quartier, et portait un *chuppen* de toile tout dégouttant de pluie, et de larges *bragous* plissés, attachés sur les genoux, à la manière des hauts-de-chausses de nos pères.

— « Ah! vous voilà, André, par un bien mauvais temps, dit M. Denmad; voulez-vous prendre quelque chose?

— « Je veux surtout me reposer, monsieur le recteur, car j'ai fait plus de douze lieues cette nuit pour me rendre au quartier du chef de division. Ce matin, à la pointe du jour, j'ai établi un poste de dix hommes de l'autre côté de l'eau, auprès de Pontbriand, et voilà six semaines que je n'ai dormi dans un lit.

— « J'espère bien aussi n'y pas dormir cette nuit, André, car c'est ce soir qu'on doit enfin m'ouvrir la porte de mon église. Ce sera la veillée des morts, et je prierai à l'autel des trépassés pour les martyrs de Vannes, que j'ai vu passer de ce monde dans un meilleur, et pour tous ceux de mes paroissiens que j'ai conduits du pied de l'autel au lieu du repos.

— « Pour Dieu ! monsieur le recteur, soyez prudent, au moins ; car vous n'ignorez pas qu'il s'est déjà répandu des bruits sur la présence, dans ce quartier, de votre corps ou de votre âme. Il faut sans doute accomplir un vœu, quand on l'a fait ; et si j'avais promis d'aller, moi tout seul, attaquer le quartier-général de Hoche, je n'y manquerais pas, aussi vrai que Dieu existe.

mais enfin il est permis de prendre ses précautions, n'est-ce pas?

— « Sans doute, André, et à mon âge on n'est plus un enfant. Mais que dit-on de nouveau dans le canton?

— « De grandes nouvelles sont arrivées du quartier-général. Il est certain que le comte d'Artois est à l'Ile-Dieu et qu'il va débarquer; Charette l'attend dans la Vendée avec cent mille hommes; le Morbihan doit se lever en masse; et le général Lemercier va se porter de ce côté-ci pour rallier toutes les bandes et tenter un coup-de-main sur Saint-Brieuc, afin de délivrer les prisonniers.

— « Bah! mon pauvre André, voilà longtemps que j'entends dire ces belles choses, et rien n'avance pourtant. A mon âge, on est fatigué d'espérer.

— « C'est vrai, monsieur Denmad; et moi je suis bien las aussi, je vous promets.

Mais c'est égal; le vin est tiré, il faut le boire. Et puis ils ont guillotiné ma pauvre femme parce qu'elle m'avait caché : les scélérats ! Aussi, tant qu'il y aura une goutte de sang dans ces veines-là, dit André en montrant son large bras recouvert d'une épaisse couche de poil roux, je serai prêt à le verser pour la cause; et quand tout sera fini, si le roi que nous aurons rétabli veut bien me donner une petite pension, à l'effet de faire dire quelques messes pour Marie-Jeanne et d'acheter quelques carottes de tabac, je n'en demanderai pas davantage, moi. Il y en aura d'autres plus difficiles à satisfaire, pas vrai, monsieur le recteur?

— « Oui, bien sûr, André. Quand la révolution sera finie, vous ne retrouverez pas, vous, un château pour vous reposer et un carrosse pour vous traîner ; il vous faudra fatiguer votre pauvre corps pour gagner du pain de la même manière qu'auparavant.

Et pourtant qui est-ce qui en a fait plus que vous? On a guillotiné votre femme, brûlé votre maison, détruit toute votre joie en ce monde-ci; il ne vous reste plus que votre vie, et vous êtes prêt à la donner encore. Oh! si tout le monde connaissait votre bon cœur comme je le connais, on ne vous prendrait pas pour un méchant homme, et on ne vous traiterait pas de loup-garou.

— «Laissez-les, monsieur le recteur, laissez-les; cette réputation-là me sert plus qu'elle ne me nuit, voyez-vous? Quand je veux enrôler un gars, il n'y en a pas un qui ose me résister, parce qu'il est persuadé qu'autrement je l'ensorcellerais ou que je lui casserais la tête. Dans le temps où nous vivons, la première chose est de se faire craindre; et je puis me vanter d'être craint, quoique je ne sois pas si diable que je suis noir.

«Mais, mon Dieu, monsieur Denmad,

quel temps il fait! Le vent siffle comme les balles au fort Penthièvre; c'est sûrement le coup de vent des morts. Le bon Dieu fait gronder son canon là-haut; et quand ce soir le lapin reviendra, il ne trouvera plus son terrier debout. »

L'orage redoublait en effet de violence; des tourbillons de pluie roulaient les uns sur les autres dans la bruyère, et les étais mal assurés de la loge craquaient sous la tempête, qui se déployait sans obstacle sur une plaine aride et nue.

Le capitaine Florent avait été surpris par la bourasque en revenant de visiter ses postes. Il était encore à près d'une lieue de Guiscriff, et le jour était si sombre qu'il était à peine possible de reconnaître son chemin; aussi les quatre hommes qui lui servaient d'escorte poussèrent-ils une exclamation joyeuse en découvrant le toit de genet de Perric Dall.

— « Ce doit être ici la loge du sorcier ! s'écria le sergent Lamourette. Vous savez, capitaine, que c'est l'homme auquel ils s'adressent pour guérir leurs enfans et leurs cochons. On m'a déjà montré ce taudis un jour que j'étais de détachement.

— « J'ai entendu parler de cet homme, dit le capitaine ; peut-être pourra-t-on en tirer d'utiles renseignemens ; et dans tous les cas, nous nous abriterons sous son toit en attendant un éclairci. »

Et la petite troupe se dirigea vers la loge, dont elle atteignit bientôt l'entrée.

Avant que les soldats y pénétrassent, Bonaventure avait, à travers les fentes de la porte, reconnu des uniformes. Croyant l'expédition dirigée contre sa personne, sa première inspiration avait été de s'élancer hors de la loge, un pistolet à chaque poing, car de pareils traits d'audace lui avaient plus d'une fois réussi ; mais il se rappela soudain qu'il devait avant tout protéger la personne du vieux prêtre, auquel la fuite était impossible : aussi se décida-t-il à faire face au danger.

— « Recommandons-nous à Dieu, monsieur Denmad, dit-il; mais ne perdons pas la tête. »

En prononçant ces paroles, il se plaça devant l'ecclésiastique, et mit une main dans chaque poche.

— « Est-ce toi le sorcier? dirent les soldats en entrant. Tu feras un grand miracle, si tu nous préserves de la pluie sous ton toit percé à jour.

— « Es-tu Perric Dall? dit en même temps le capitaine en s'approchant de Bonaventure.

— « Non, monsieur, répondit celui-ci en reculant d'un pas comme un homme qui ne veut pas se laisser mettre la main au collet; je venais seulement pour le consulter.

— « Et sur quoi, l'ami?

— « Pour ma vache, qui est malade du *gloayen*.

— « Comment un vigoureux compère comme toi peut-il se laisser aller à des superstitions de bonne femme? A quoi sert-il d'être velu comme un renard et aussi solidement bâti? Mais où donc est le sorcier?

— « Le voici, monsieur l'officier, » dit André en montrant le pauvre curé.

Bonaventure aurait traité M. Denmad de suppôt de Satan, que le vieillard se fût alors trouvé dans l'impossibilité de le démentir. A l'entrée de Florent dans la loge, il avait été saisi d'une émotion tellement violente, qu'il en perdit presque l'usage de ses sens. Un seul coup-d'œil lui avait suffi pour reconnaître la figure liée au plus horrible souvenir de sa vie, et qui, dans tous ses mauvais rêves, le tourmentait comme une apparition diabolique. Bonaventure ignorait cette circonstance : aussi fut-il très-étonné de l'état dans lequel était soudain tombé M. Denmad, état qu'il attribua au saisissement de la crainte.

— « Au nom de Dieu, remettez-vous, lui dit-il à voix basse; il y va de notre vie à tous les deux.

— « En vérité, pensa Florent revenant à ses anciens souvenirs, voilà un beau sorcier, un vrai type de sorcier! S'il était à Covent-Garden, il ferait une belle entrée dans la grande scène de *Macbeth*. Quel costume de sabbat! quelle figure plombée! quels yeux il roule surtout! ah! Mais je crois qu'il est malade, tant il est pâle.

— « Perric est toujours comme ça, monsieur l'officier, quand il voit de nouvelles figures, dit André, qui commençait à redouter les suites de l'expédient auquel il avait cru pouvoir recourir pour donner le change aux soldats. On dirait, au premier moment, qu'il a le diable dans le corps; mais il se remettra bientôt, j'espère. »

M. Denmad commençait en effet à retrouver ses esprits : les regards d'André lui faisaient sentir que sa vie et celle du lieutenant de paroisse étaient entre ses mains, et il prit enfin assez sur lui pour maîtriser, au moins momentanément, son émotion.

— « En attendant que le vieux fou se soit habitué à me regarder, s'écria le capitaine en s'adressant à Bonaventure, dis-moi donc, mon gros gaillard, de quel village es-tu, toi?

— « Je suis d'auprès du Faouët, et *penty* (1) à Kerbloc'h, reprit André sans hésiter; ma vache est malade; et ma femme, qui est en couches de son cinquième, m'a en-envoyé ici chercher du *louzou*.

(1) Classe nombreuse, intermédiaire entre les métayers et les mendians, et à laquelle les fermiers sous-louent une portion de leur maison avec le pâturage d'une ou deux vaches.

— « Il y a t-il du nouveau dans ce quartier-là?

— « Ma foi non, monsieur l'officier.

— « Parle-t-on des chouans?

— « Des chouans? oui, on en parle un peu, dit André en se grattant l'oreille, tic habituel du paysan breton.

— « Eh bien! qu'en dit-on?

— « Pas grand chose; du reste, je ne les ai pas vus moi-même.

— « Mais encore, reprit Florent, dont la curiosité commençait à s'éveiller, y a-t-il un rassemblement? à quel village? quels chefs? Réponds, mon ami, et je te promets que tu auras de quoi boire.

— « Ma foi, monsieur, je n'ai besoin de rien pour dire qu'en passant auprès de Pontbriand, j'ai appris que Bonaventure venait d'y arriver seul, à ce qu'on disait, et qu'il dormait même dans une maison qu'on m'a montrée, ajouta André d'un air indolent.

— « Vive la république! s'écrièrent tous ensemble les soldats de l'escorte; partons de suite! Si nous prenons Bonaventure, quel plaisir de lui faire passer le goût du pain pour toutes les nuits blanches qu'il nous a données!

— « Silence! dit Florent d'un ton bref. N'apprendrez-vous donc jamais que, dans ce pays-ci, il ne faut pas se mettre en campagne sur les dires d'un homme à grandes culottes? Vous y avez pourtant été pris plusieurs fois.

« Parle-t-on aussi de revenant dans ce quartier? dit-on qu'on ait vu l'âme de l'ancien curé de Guiscriff voltiger dans l'air comme une chouette?

— « Ma foi, monsieur, il y a des gens qui parlent de ça; mais on dit que l'âme ne paraît plus maintenant que du côté de Langonnet, ajouta André, dans l'espoir de donner le change au capitaine et de diriger son attention sur un autre point. Pour moi, je ne suis pas assez bête pour croire à ces choses-là.

— « Quoi! tu aurais assez de bons sens pour penser que, lorsqu'on a coulé du plomb dans la tête d'un homme, portât-elle une calotte, ou lorsqu'un couteau l'a séparée des épaules, l'âme reste aussi tranquille que le corps? mais tu serais un vrai prodige pour ce pays-ci, mon ami!

— « On a vu des morts revenir pour faire trembler les vivans, » dit d'une voix creuse le vieux prêtre, que les dernières paroles de Florent avaient rendu à toute l'énergie de ses premières impressions, et qui ne se pouvait plus contenir.

— « Ah! tu retrouves la langue, et tu débutes bien, par Dieu! Face blême, voix sépulcrale, ton sentencieux, rien n'y manque: il faut venir dans la ci-devant Bretagne pour trouver cela en l'an III de la république.

« Il y a bien long-temps qu'une idée m'occupe, et l'occasion est unique pour la satisfaire : nous voici dans un trou creusé sous terre, au milieu d'une bruyère sauvage, et en vérité, je n'avais jamais entendu pareille tempête. Ecoute, sorcier, avant que le tonnerre ne nous écrase, tu vas me dire ma bonne aventure. »

Le vieillard ne répondit rien.

— « Tu vas me dire ma bonne aventure, ou je te fais appliquer cent coups de bâton! Entends-tu bien, drôle?.... Tiens, lis dans le creux de ma main : que t'apprennent ces longues lignes entrecoupées? »

A ces mots, il posa sa main sur celle de M. Denmad, qui recula par une sorte de commotion électrique; mais tout à coup et comme saisi d'une irrésistible inspiration, celui-ci reprit la main de l'officier, la serra avec violence, puis étendant sur elle son doigt décharné et fixant sur le capitaine une pupille dilatée et un œil large et blanc : « Il y a du sang dans cette main! du sang d'évêque!... »

Le reste des forces du vieillard s'épuisa dans cet effort, et il tomba sans connaissance. Le capitaine s'efforçait de sourire, mais ce sourire prenait je ne sais quoi de convulsif qui rendait affreuse l'expression de son visage, humide en ce moment d'une sueur froide. Il tremblait, et ses paroles s'arrêtaient glacées sur ses lèvres.

Une universelle horreur rendait immobiles tous les témoins de cette étrange scène. Les soldats, la pipe à la main, avaient cessé de s'envoyer les uns aux autres des bouffées de fumée ; le paysan, les bras croisés sur sa large poitrine, regardait tour à tour l'officier et l'ecclésiastique qui gisait à terre tout pantelant, comme un prophète écrasé sous le dieu. Florent portait la main à son front ; puis il la regardait, comme pour bien s'assurer qu'il ne s'y voyait aucune trace. De ses doigts contractés, il pressait tantôt les basques de son uniforme, tantôt la garde de son épée; il voulait parler, il voulait marcher, il voulait rire, il voulait menacer, mais ses sens avaient cessé pour un instant d'être au service de son âme.

— « Partons, dit-il enfin d'une voix qu'il essayait de rendre assurée; laissons ce vieil épileptique se débattre. Toi, tu nous suivras jusqu'à Guiscriff, ajouta-t-il en s'adressant à André, afin de faire ta déclaration sur ce que tu as vu à Pontbriand, pour qu'on avise aux mesures à prendre. »

Et le paysan, sans dire mot, et avec cette apathie que l'Armoricain porte dans tous les actes de sa vie, suivit le détachement, qui se mit en route dans un profond silence. Le capitaine marchait quelques pas en avant; les soldats échangeaient à voix basse de rares paroles; Lamourette lui-même était tellement troublé, qu'il ne prit pas garde que le capitaine, en suivant la voix frayée à droite, alongeait fort le chemin : il n'osa pas, du moins, lui en faire l'observation, petite satisfaction qu'il n'eût pas manqué de se donner dans un autre moment, car le sergent aimait à étaler ses connaissances topographiques et à montrer qu'un vieux soldat du régiment de *Picardie* en savait plus qu'une recrue républicaine, quoiqu'il eût ci-devant porté la poudre et la bourse.

L'orage avait cessé, mais une pluie fine pénétrait jusqu'aux os, et le ciel gris étendait un dais de plomb au-dessus de ces tristes campagnes. De nombreuses bandes de pies et de corbeaux rasaient la bruyère d'une aile alourdie, sans trouver un arbre où s'abriter ; enfin, après avoir franchi un haut fossé garni de haies rabougries, on se trouva à la queue d'un taillis avec le clocher de Guiscriff en face. André comprit qu'il ne pouvait aller plus loin sans compromettre sa sûreté : aussi glissa-t-il dans la douve pendant que les soldats escaladaient le fossé. Ils n'avaient pas encore eu le temps de s'apercevoir de ce mouvement rapide, qu'André se montra, trente pas plus loin, sur un tertre découvert.

— « Adieu, bonsoir, camarades ! leur cria-t-il ; vous êtes trop silencieux pour qu'on voyage plus long-temps avec vous sans y être obligé. Je pensais que vous auriez fait un plus joyeux accueil à Bonaventure ; mais je ne sais comment ce diable de sorcier a mis la tête du capitaine à l'envers : il paraît qu'il en sait long sur son compte.

— « Bonaventure ! s'écria Florent ; apprêtez vos armes, soldats ! en joue ! en joue donc !

— «*Sko em lost!* dit André en se retournant, et en accompagnant cette expression, que nous n'osons traduire, d'un geste que nous n'osons indiquer. Les soldats ajustèrent en effet ; mais avant que le coup partît, Bonaventure s'était couché à plat ventre.

— « Vous êtes tous des mazettes ! cria-t-il du fond du taillis. Je vous présentais pourtant une large cible. Ne venez jamais aux tireries, car vous n'y gagneriez pas, entre vous tous, le dernier ruban. Si j'avais ma carabine, je voudrais vous donner une leçon ; peut-être même le pourrai-je avec un pistolet. »

A ces mots, une balle traversa de part en part le schako du capitaine Florent, mais sans l'atteindre.

On juge du désappointement des soldats, qui voyaient leur échapper cette proie si ardemment convoitée, et qui pressentaient déjà les plaisanteries de leurs camarades.

— « Je me doutais bien qu'il y avait quelque chose d'extraordinaire dans ce sanglier-là, disait l'un d'eux.

— « Je croyais bien entendre le bruit

de pistolets dans ses poches, et même en voir le manche, disait l'autre.

— « Si vous le croyiez, pourquoi ne l'arrêtiez-vous pas? Vous avez manqué à votre devoir, et vous garderez la salle jusqu'à *décadi* prochain. »

C'était ainsi que le chef irrité, et plus ému de la scène du matin que du danger auquel il venait d'échapper, faisait retomber sa colère sur ceux qui avaient été les témoins de sa faiblesse, et qui allaient probablement la divulguer.

Les accidens divers de cette journée avaient élevé une telle barrière entre les soldats et leur capitaine, que ce fut avec le sentiment d'une satisfaction réciproque qu'ils se séparèrent enfin, les uns pour retourner dans la partie de l'église où était établi leur corps-de-garde, l'autre pour se retirer seul dans la sacristie, qui lui servait de logement depuis qu'il commandait le poste de Gujscriff.

VII

Depuis plusieurs jours, l'abbé Melven était en proie à une agitation plus vive, à une tristesse plus sombre. Il recherchait moins les entretiens de Florent, dont le frénétique athéisme avait cessé d'être voilé pour lui. Il y avait encore trop de vie dans l'âme de l'ecclésiastique pour qu'il ne repoussât pas avec horreur cette idée fatale ; mais déjà il en éprouvait par moment les atteintes, comme ces malades dont les extrémités se glacent, et qui, tout vivans, se sentent mourir. Il essayait alors de se rattacher à l'existence, en réveillant des passions jusque-là contenues.

Dans la solitude de sa demeure et le silence de ses nuits sans sommeil, une forme de femme lui apparaissait, douce et triste, souriante au milieu des larmes. Il lui semblait que son cœur malade battait près d'un cœur malade aussi, que son haleine se mêlait avec une autre.

Une vie nouvelle circulait dans son sein ; son œil humide brillait d'une flamme inconnue. En voyant cette austère et placide existence bouleversée par de mystérieuses émotions, on eût dit un beau lac soudainement dégarni des arbres protégeant ses bords escarpés, et dont les eaux transparentes écumaient pour la première fois au souffle de l'orage.

C'était en se berçant de vagues pensées, en caressant un fantôme qui se présentait à lui sous des formes chaque jour plus distinctes, que l'abbé Melven se dirigeait fréquemment vers la maison du sonneur de cloches; mais de toute la semaine il avait à peine pu voir Ursule : presque toujours elle était sortie, ou se disposait à sortir, à l'arrivée de M. Melven. Elle était avec lui plus grave, plus retenue; et l'on sentait que ses paroles, quoique également bienveillantes, partaient moins de l'intimité du cœur.

La réserve qui avait toujours régné dans leur liaison, mettait l'ecclésiastique dans l'impossibilité d'adresser aucune plainte à la jeune femme; elle ne lui en avait jamais donné le droit : aussi, quand il rentrait dans sa chambre solitaire, succombait-il à la fois et sous la honte de ces tentatives et sous la certitude de leur impuissance.

« Que voulai-je faire, malheureux! révéler à cette femme tout ce qu'il y a d'exécrable en moi, provoquer son horreur et son dégoût! Elle m'évite, elle me fuit...; mais cet habit n'est-il pas une barrière entre nous deux? n'ai-je pas juré de mourir au monde, et ma tête n'est-elle pas empreinte d'un signe que rien n'efface, pas même le crime? Quand mes cheveux recouvriraient encore mon front, comme avant de tomber sous les ciseaux sacrés, ma tonsure n'en paraîtrait pas moins aux yeux de tous les hommes; c'est un fer rouge dont je suis marqué pour l'éternité.... Plaisans législateurs, qui croyez sérieusement me séculariser! si j'usais du bénéfice de vos lois, en serais-je moins prêtre pour les autres et pour moi-même? Je me débarrasserais de ma soutane qu'on ne me montrerait pas moins au doigt, et les vers me mangeront dans ma bière sans me délivrer de cet habit. Quelle prison! quel éternel supplice! »

Et l'abbé Melven, la tête serrée dans les mains, semblait demander tour à tour à l'enfer et au ciel de calmer ses angoisses. S'il essayait de retrouver du calme, en se disant qu'il avait cédé à une vocation contraire à la nature, les souvenirs de ses premières années de prêtrise revenaient alors l'accabler.

Il se rappelait cette quiétude de l'âme qui possède tout en possédant Dieu; ce bonheur qui s'appuie sur la foi, s'agrandit par l'espérance, et se communique par la charité.

« Non, non, se disait-il, le sacerdoce ne m'avait point séparé des hommes; il n'avait pas éteint le foyer de mon cœur. Mon âme alors était remplie d'amour, et ne voulait rien au-delà de cette pure et ineffable volupté. Souvenirs du ciel! vous êtes à la fois mon tourment et ma condamnation. Je suis, comme Adam, assis à la porte du jardin de délices, où je ne rentrerai plus, plus jamais!...»

Le jour où s'étaient passées les scènes que l'ont vient de décrire, M. Melven avait été plus tourmenté que de coutume. C'était la fête de la Toussaint; et cette solennité, qu'il avait autrefois célébrée avec tant de recueillement et de pompe, était l'anniversaire de son ordination. Il avait fait l'office devant un auditoire moins nombreux encore que de coutume; Ursule n'y avait point assisté; et le curé en ayant fait l'observation à François Guiader, celui-ci avait répondu que sa femme était malade; puis, à une question plus pressante, il avait ajouté avec embarras qu'elle n'était pas précisément malade elle-même, mais qu'elle donnait des soins à l'une de ses amies qu'il ne sut pas nommer.

M. Melven était tellement agité, qu'il avait pu trouver à peine quelques paroles lorsqu'il monta dans la chaire. Jamais les fonctions du sacerdoce ne lui avaient paru si accablantes; jamais il n'avait souffert comme ce jour-là. Rentré au presbytère, il repassait tous ses souvenirs dans l'amertume de son cœur; et la haine y pénétrait, parce qu'il ne pouvait plus aimer. En perdant la paix de l'âme, l'homme est placé entre le repentir et le désespoir; et d'ordinaire il glisse plus facilement dans celui-ci, qu'il ne se relève par celui-là.

M. Melven, pressé d'échapper à lui-même, attendait cette fois avec quelque impatience la visite du soir du capitaine, espérant que l'indomptable assurance de cet homme le défendrait contre sa propre faiblesse. Il était tout disposé à se livrer sans résistance aux argumens et aux railleries de son interlocuteur. Quelques bouteilles étaient rangées sur une table, et Saïc soufflait le feu dans la large cheminée du salon. C'était une *carabacen* (1) d'âge canonique depuis plus de vingt ans, aux trois quarts sourde, à moitié aveugle, vieux meuble de presbytère auquel M. Melven tenait comme à tout ce qui pouvait garantir aux yeux du public son extrême régularité.

Mais l'horloge du bourg avait sonné huit heures, et l'officier n'arrivait pas. En une autre circonstance, M. Melven ne s'en fût pas mis en peine. Ce jour-là il en fut contrarié, comme un homme qui voit lui échapper une ressource sur laquelle il a compté. Son impatience devint tellement vive, qu'il se décida bientôt à prévenir le capitaine. Enveloppé de son manteau, portant à la main une lanterne sourde, il traversa le ci-

(1) On désigne sous ce nom, en Basse-Bretagne, les servantes des curés.

metière, fit le tour de l'église, et pénétra dans la sacristie par la porte extérieure, qui s'ouvrait à côté du reliquaire.

L'officier était plongé dans une sorte de demi sommeil : il occupait un large fauteuil en bois de chêne sculpté, qui avait servi pendant des siècles aux cérémonies du culte catholique. L'antique sacristie était ornée d'une boiserie noire, également sculptée en bosse ; et sur des tablettes qui supportaient naguère les vases et les ornemens sacrés, se voyaient pêle-mêle de vieux livres d'Eglise mangés des rats, quelques volumes de l'école philosophique, des pamphlets de Thomas Payne et une liasse de journaux. Il était impossible de voir un pareil homme en pareil lieu sans éprouver une commotion stridente, et sans comprendre le sens mystérieux de ces deux mots : *Règne de la terreur.*

Florent était depuis plusieurs heures dans

cet état passif, sans parvenir à le secouer. Il avait essayé de ranimer ses esprits en prenant des liqueurs fortes et en allumant un grand feu dans la cheminée de la sacristie. Il l'alimenta quelque temps avec les statues de l'antique église, que la hache avait équarries : la flamme dévora tour à tour le premier évêque de la Cornouailles, saint Corentin et son poisson miraculeux, saint Gilles et sa biche fidèle, le grand Yves de Tréguier, coiffé du bonnet de docteur.

Ce spectacle de destruction, ces flammes bleuâtres se jouant autour de vieux troncs noircis, l'odeur de sacrilége qui s'exhalait de toutes parts, et remplissait cette pièce voûtée comme une prison, humide comme un tombeau, tout cela avait porté à la tête du capitaine, et l'avait jeté dans une situation d'esprit plus voisine du cauchemar que de la veille. Sa vie repassait sous ses yeux dans une suite de tableaux qui papillotaient comme des phalènes aux ailes de gaze. C'étaient les humiliations d'une enfance dégradée par des châtimens d'esclave, les sifflets de spectateurs barbares, ses premières amours flétries dans leur fleur; c'étaient de terribles représailles : le sac des palais, le massacre des prisons, des têtes blondes de femmes portées au bout des piques, les gémissemens des mourants, les menaçantes et livides figures des morts, et tout un tourbillon de flottantes images, parmi lesquelles une surtout se détachait et semblait le presser à la gorge, comme un lutteur étreint un athlète terrassé.

Au bruit que fit M. Melven en roulant la porte massive, le capitaine éprouva une commotion subite, et son sang se remit à circuler. Il se secoua avec tant de violence pour se remettre en possession de lui-même, que les ais du fauteuil antique en craquèrent; mais sitôt qu'il eut reconnu l'ecclésiastique, il se calma ; et lui adressant la parole d'un ton sec :

— « Vous voilà ! dit-il en relevant les bords d'une large casquette de loutre, et en regardant fixement le jeune prêtre ; que me voulez-vous ?

— « Je vous attendais chez moi, capitaine, et j'aurais craint quelque accident si je ne vous avais su rentré au bourg depuis plusieurs heures.

— « J'ai préféré passer la soirée seul, après une journée qui m'a donné de la fatigue de corps et d'esprit.

— « De la fatigue de corps, je le conçois, et la Convention nationale vous doit, certes, une mention honorable pour vos pénibles services ; mais quant à la fatigue d'esprit, il ne vous arrive guère de la connaître. Vous avez une âme de fer que rien n'ébranle ; et c'est là, capitaine, une qualité que je voudrais n'avoir pas à vous envier.

— « Je ne crois pas en imposer, en effet, en disant que mon cœur n'a jamais faibli dans l'action, et que je verrais à dix pas de moi une batterie de vingt pièces sans reculer devant elle. Cependant il est des momens où l'on est moins brave contre soi-même que contre les autres : on peut affronter un danger connu et dont la vue vous enflamme, sans être toujours pour cela au-dessus des faiblesses de l'humanité.

— « Quoi! des remords aussi, des inquiétudes de conscience?

— « Ah! rassurez-vous, dit Florent avec un indéfinissable sourire ; je n'en suis point encore à me confesser à vous, l'abbé; et je n'ai nul besoin, pour être calme, de la vertu de vos amulettes. Non, je puis me vanter de n'avoir jamais connu le remords et d'être au-dessus de cela; mais les hommes les plus énergiques et les plus éclairés cèdent quelquefois, comme les autres, à des influences débilitantes; ils sont soumis aux accidens divers du tempérament et de l'organisme. »

Puis, après un instant de silence, il reprit, comme s'il suivait le cours irrésistible de sa pensée :

« N'y a-t-il pas d'ailleurs des idées générales où se révèlent les lois mêmes de la nature, et qu'on peut admettre sans recourir à l'hypothèse d'un dieu inutile? Lamétrie, dont les œuvres que voilà, ajouta-t-il en montrant un gros volume imprimé à Berlin, révèlent une telle indépendance d'esprit, ne commençait point un voyage le vendredi, refusait de s'asseoir à table avec treize convives, et tremblait en entendant croasser un corbeau ou en voyant une araignée après le coucher du soleil. Je suis au-dessus de tout cela, moi; mais, enfin, j'éprouve aussi, comme tant d'autres, des inquiétudes vagues, d'inexplicables sensations. Quel est l'homme qui résiste toujours à la fascination d'un sombre regard, d'une menaçante parole, ou qui puisse écouter, par exemple, sans que le cœur lui batte, l'orage rouler sur les longs toits de cette vieille église?....

« Croyez-vous donc que ce séjour soit bien gai, vous? Sous mes yeux, des monceaux d'ossemens, des têtes blanches, qui semblent me regarder sans yeux; ici, dans cette sacristie enfumée, des figures de pierre se détachant des murs, s'accrochant au haut des voûtes, et qui, dans l'obscurité, paraissent voltiger et sourire au-dessus de moi. C'est le vent surtout, le vent qui souffle ici d'une manière triste : on dirait qu'il porte des plaintes; ce sont comme des éclats de rire et des gémissemens confondus.

« Oui, s'écria-t-il en marchant à grands pas et en frappant du pied les dalles sonores, pour éprouver le cœur d'un homme, je ne connaîtrais rien de mieux que de lui imposer ce lieu-ci pour demeure, et de lui faire courir jour et nuit vos maudites campagnes, où les terreurs et les superstitions poussent comme des fruits du sol. »

L'abbé Melven écoutait avec surprise, car il découvrait, pour la première fois, tout un côté du caractère de Florent. L'homme qu'il avait cru d'une trempe si forte était faible comme lui-même : ce dernier point d'appui lui échappait tout à coup. Il ne se prit point à argumenter contre son interlocuteur sur des idées développées par celui-ci d'une manière animée dans une conversation qui se prolongea fort avant dans la nuit. Il en reçut, au contraire, l'empreinte, et son âme molle se mit graduellement à l'unisson des sentimens que l'officier s'attachait à lui faire partager depuis qu'il avait eu la faiblesse de les lui découvrir. Entre toutes les émotions, la terreur est, d'ailleurs, celle qui exerce autour d'elle la puissance la plus contagieuse et la plus magnétique.

— « Cette veillée, capitaine, porte naturellement aux pensées sombres : c'est demain le jour des Morts, dit M. Melven.

— « Ah! oui le jour des Morts! une fête de votre liturgie.

— « Un jour pendant lequel nos paysans ont l'esprit frappé des superstitions les plus étranges : ils croient, par exemple, que tous les morts reviennent cette nuit-là parcourir la maison où il ont vécu, et prendre part à la nourriture des vivans.

— « Que l'on puisse révéler à un homme les actes de sa vie passée comme de sa vie future, dit Florent avec lenteur; que la nature ait doué certains êtres d'inexplicables facultés, c'est ce qu'on peut croire, puisque nos actes dépendent tous d'une impulsion fatale ; c'est d'ailleurs, ajouta le capitaine, ce qu'on a vu plus d'une fois d'une façon étrange, fort étrange : mais quant aux trépassés, je n'en ai aucune peur, je vous jure.

« Je n'entends pas pourtant me faire de mauvaises affaires avec eux pas plus qu'avec les sorciers, qui jouent un si grand rôle dans ce pays-ci. Ainsi, je vous préviens que si votre prédécesseur vous apparaît ce soir, ce qui est très-probable, puisque son âme court, dit-on, la paroisse, je n'interviendrai point entre vous deux. J'ai déjà quelque peine à défendre votre personne des insultes des vivans, et je ne veux point me prendre de querelle avec les morts. »

Cette plaisanterie saisit l'abbé Melven, dans la disposition d'esprit où il était alors. Faite la veille, elle ne l'aurait pas effleuré ; mais en ce moment elle pénétrait, comme une lame aiguë et froide, jusqu'au fond de son âme. Il connaissait les bruits relatifs à l'abbé Denmad, et il n'y avait pas pris garde, parce que de telles croyances sont générales en Basse-Bretagne ; ces bruits ne lui étaient désagréables qu'en ce qu'ils rappelaient la pensée des habitans de Guiscriff vers leur ancien pasteur, alors que M. Melven s'efforçait d'en éloigner le souvenir. Ce souvenir lui était personnellement pénible ; et en apprenant la mort du vieux curé de Guiscriff, il s'était senti comme soulagé d'un poids insupportable ; il lui avait semblé que de ce jour sa position était changée.

Blessé de la légèreté avec laquelle le capitaine touchait à ce sujet, après avoir donné lui-même des preuves non équivoques de faiblesse, l'ecclésiastique mit fin à une conversation qui s'était déjà prolongée plusieurs heures. Il alluma sa lanterne au foyer, qui reflétait une pâle lumière sur les murs verdâtres de la sacristie ; et sans paraître offensé, car au milieu des périls de la guerre civile une telle susceptibilité lui était interdite, il se retira en souhaitant bonne nuit à l'officier.

L'obscurité était épaisse, la nuit profonde, le silence plus profond encore. Une orfraie ouvrait seule ses larges ailes au vent qui commençait à souffler avec violence, interrompant le bruissement lointain de la tempête par ce cri lent et prolongé qu'on dirait appartenir à une âme en peine.

M. Melven marchait en tâtonnant au milieu des tombes et des grands ifs du cimetière ; aussi, pour ne pas perdre son chemin, avait-il soin de se tenir collé au mur de l'église. En passant contre une des portes latérales de l'édifice, cette porte fléchit soudain devant lui. Etonné de la négligence du sonneur de cloches, il allait continuer sa route, lorsqu'il crut entendre un bruit sourd partir de l'intérieur. Il redoubla d'attention, et le même bruit se fit plus distinctement entendre. Déjà dominé par les émotions que cette soirée suscitait en lui, M. Melven fit un mouvement pour s'éloigner ; mais au premier pas, cette poignante idée : *Je suis un lâche!* l'arrêta court et le retint : puis il pensa qu'un des soldats s'était probablement introduit dans l'église, dont la porte avait été laissée ouverte malgré ses prescriptions, et il jugea convenable de s'en assurer.

Il pénétra donc dans la vaste nef, mais lentement, et comme s'il eût craint que le bruit de ses pas ne fît défaillir une résolution chancelante. En tournant un des piliers du chœur, il découvrit en face de lui comme une masse indistincte d'où s'exhalaient des sons inarticulés, semblables à ceux d'une psalmodie lointaine. Saisi jusqu'au point de sentir figer son sang, mais entraîné par une force en quelque sorte étrangère à lui-même, il s'avança droit, et portant sur cet objet immobile la clarté de sa lanterne : « Qui est là? » s'écria-t-il d'une voix haute.

Alors seulement la masse noire parut s'agiter; et se dressant à hauteur d'homme :

— « C'est moi, dit après un instant de silence une voix de vieillard; c'est moi, monsieur Melven; je suis l'abbé Denmad. »

M. Melven ne mourut point; mais si un stylet avait en cet instant ouvert ses veines, il n'en eût pas jailli une goutte de sang. Ses cheveux se relevèrent droits sur son front, et la lanterne échappa de sa main glacée. Plongé dans une obscurité profonde, ayant en face de lui un être qui paraissait exercer une mission terrible, le malheureux semblait passé de la terre des vivans dans le monde des rêves et des fantômes.

— « Je suis l'abbé Denmad, répéta la voix, et je priais dans mon ancienne église. Je ne veux de mal à personne. N'ayez pas peur, monsieur, je vous dis que je suis l'abbé Denmad. » Et en prononçant ces paroles, il s'avançait vers le jeune prêtre terrifié.

Ce dernier recula d'abord tout d'une pièce, comme un automate ambulant; puis la parole lui revint, et il dit sans lever les yeux :

— « L'abbé Denmad n'est plus de ce monde.

— « On a répandu le bruit que j'étais mort à Quiberon, reprit la voix; mais Dieu ne l'a pas permis : j'ai souffert depuis ce moment-là bien des maux, sans compter ceux que vous pouvez me faire souffrir encore, monsieur. Ma vie vous appartient; mais quand on a soixante-quinze ans, et qu'on a porté son faix selon ses forces, on n'a pas grand'peur de la mort, monsieur Melven. Tout ce que je puis craindre maintenant, c'est d'être l'occasion d'un crime qui serait grand aux yeux de Dieu et des hommes! »

Cette voix, que les années avaient cassée sans l'altérer, ranima la vie presque éteinte au cœur de l'abbé Melven ; mais s'il retrouva l'usage de ses sens, ce fut pour éprouver tout ce qu'il y a de poignant dans une espérance déçue et dans un témoignage de faiblesse donné devant un ennemi.

A peine eut-il acquis la certitude que M. Denmad était là, vivant, et qu'il tenait son sort entre ses mains, que son âme fut traversée par les idées les plus contradictoires. A des souvenirs de jeunesse succédaient des impulsions haineuses et jalouses : cet homme avait été son bienfaiteur, son père ; mais il était aujourd'hui son rival, son censeur impitoyable. C'était lui, sans doute, qui marquait son front d'un sceau d'infamie ; à lui seul il devait attribuer son isolement; Ursule aussi avait cédé aux instigations du vieux prêtre.

— «Vous vous exposez gravement, monsieur, dit enfin l'abbé Melven d'un ton qu'il voulait rendre assuré, pendant qu'il était bouleversé par les plus violentes émotions. Comment avez-vous pu songer à paraître ici? Savez-vous qu'il n'y a que ce mur entre vous et la mort? Vous entendez les voix du corps-de-garde; si l'on y entendait les nôtres, vous seriez perdu sans ressource. Je ne profiterai pas d'une telle occasion, ainsi que vous affectez de le craindre; mais enfin la loi est formelle, et vous ne deviez pas la braver à ce point. Guiscriff était le dernier lieu du monde où vous eussiez dû vous montrer.

— « Monsieur Melven, quand on a souffert pendant quatre ans tout ce qu'une créature humaine peut souffrir; quand on n'a cessé de manger un pain de douleur et d'arroser son lit de larmes, et qu'on se dit: « Je sens que j'aurais la force de pardonner tout le mal qu'on m'a fait, si je pouvais, seulement pendant une heure, prier là où je ne suis jamais entré sans que la paix du Ciel ne descendît en moi, » croyez-vous donc qu'on soit bien coupable ou bien fou d'acheter cette heure de douceur et de miséricorde au prix de sa vie, lorsque cette vie est si misérable et si lourde?

« Il est des choses que je ne me suis senti la force de pardonner qu'ici. Voilà près d'une heure que je me traîne dans l'obscurité, d'autel en autel, embrassant les saintes reliques que j'ai si souvent fait baiser aux autres; et dans cette heure, Dieu m'a fait de plus grandes grâces que dans tout le reste de ma vie. Je mourrai à présent dans la joie de mon cœur; car, ainsi que le saint vieillard Siméon, j'ai vu Dieu dans son temple, et *le Seigneur peut maintenant laisser son serviteur aller en paix.*

— « Je vous répète, monsieur, qu'on n'abusera pas contre vous de votre imprudence; je désire qu'elle ne vous soit pas funeste : mais j'ai droit d'exiger que vous quittiez ce canton ; vous ne devez pas empêcher plus long-temps la concorde de s'établir dans cette paroisse ; et vous n'auriez à vous en prendre qu'à vous-même de votre perte, si vous vous hasardiez à reparaître dans une église dont la loi vous interdit l'entrée.

— « Croyez-vous donc que votre loi puisse faire que je ne sois plus le pasteur de cette église? Détrompez-vous, monsieur, détrompez-vous. Je lui suis uni pour l'éternité ; c'est Dieu qui a écrit dans le ciel cet indissoluble mariage, et Dieu est supérieur à tous vos barbouilleurs de lois... Vous parlez de concorde : eh, malheureux jeune homme !

qui l'a rompue, si ce n'est vous? Vous vous êtes séparé de l'Eglise au moment où cette sainte mère était appelée à recevoir une nouvelle couronne, et allait augmenter sa légion de confesseurs et de martyrs; vous n'avez pris votre part ni dans ses tribulations ni dans ses souffrances; vous avez voulu vous payer en biens de ce monde. Mais dites-moi, je vous en prie, dites-le moi, ces biens sont-ils sans mélange? vous ont-ils donné toute la joie que vous en espériez?

« Pouvez-vous vous considérer sans humiliation, ou songer à la justice de Dieu sans trembler? Oh! j'en suis sûr, votre cœur n'est pas aussi calme que le mien; et si un autre disposait de votre vie comme vous disposez en ce moment de la mienne, vous frémiriez en vous trouvant si près de l'éternité. Vous tremblez, mais je ne tremble pas, moi; vous n'osez me répondre, et je parle ici plus haut que vous, quoique le son de ma voix puisse attirer la mort sur ma tête !

— « Plus bas, monsieur, au nom du Ciel ! parlez plus bas, dans l'intérêt de votre sûreté ; ne provoquez pas un nouveau malheur ! Je ne veux point argumenter ici ; mais, je vous y invite encore, quittez Guiscriff sur le champ, et j'espère.....

— « Personne, interrompit le vieux prêtre en se rapprochant de l'abbé Melven, personne n'a d'ordre à me donner ici, et vous moins qu'un autre, monsieur ; mais écoutez, et je vais vous apprendre mes intentions.

« Je ne sais si je dois avoir confiance en un homme qui a eu le malheur de forfaire aussi gravement à des engagemens pris à la face du Ciel ; cependant je ne puis vous croire capable d'imiter Judas jusqu'au bout, et de vendre votre bienfaiteur pour trente deniers : le crime n'a pu transformer à ce point une âme que j'ai connue douce et bonne. Vous saurez donc qu'un jour où je succombais sous le poids de ma croix, je fis le vœu de prier dans cette église et de célébrer encore une fois la messe dans ma paroisse. La première partie de ce vœu est accomplie ; la seconde le sera bientôt, si vous ne me faites pas arrêter. Je compte dire la messe après demain, jour de la Saint-Guénolé, dans la chapelle de ce saint abbé, pour qui j'ai toujours entretenu une dévotion particulière, et sous la protection duquel je fus placé en venant au monde. Après avoir obtenu cette consolation, je me propose de quitter ce canton et de ne plus vous troubler jusqu'à ma mort, qui ne peut être éloignée désormais, car je suis bien vieux, et le pain de l'exil tue vite. Vous avez mon secret maintenant ; usez-en comme votre conscience vous l'inspirera. »

Ici la conversation s'arrêta court, et les deux prêtres se séparèrent en silence, l'un pour retourner au presbytère, l'autre pour gagner le nouvel asile que lui avait indiqué Bonaventure, car la scène du matin aurait rendu trop dangereuse la prolongation de son séjour dans la loge de Perric Dall.

VIII

Au moment où il franchissait la pierre transversale qui clot le cimetière de Guiscriff, l'abbé Denmad sentit une main vigoureuse s'appuyer sur son épaule. Il se crut trahi, et se reprochait déjà une imprudente confiance ; mais il fut bientôt rassuré en entendant la voix rauque et le gros rire de Bonaventure.

— « Comment avez-vous pu croire, monsieur le recteur, que je vous laisserais vous jeter à la gueule du loup, sans essayer au moins de vous en tirer? Vous comprenez bien que ce n'était pas possible, en conscience. Les gars ont voulu me suivre : ils sont cachés là-bas, derrière la maison de Bellen, et moi je rôdais ici en vous attendant. Au moindre bruit, mon sifflet les aurait mis sur pied ; et quoiqu'ils ne soient qu'une douzaine, et qu'il y ait une cinquantaine de pourceaux, sauf votre respect, logés dans la maison du seigneur, nous aurions peut-être pu vous tirer de leurs pattes en tombant dessus dans un premier moment de confusion. Il m'est arrivé d'enlever ainsi des pratiques au *vengeur du peuple*, comme ils l'appellent.

— « Mon pauvre André, vous vous exposez beaucoup trop pour moi.

— « Ma foi, monsieur, je ne vois pas pour qui je m'exposerais, si ce n'était pour vous. Ma peau n'est pas si précieuse, d'ailleurs, et mon métier à moi est de me faire tuer. C'est comme ça que je gagne ma vie depuis que je ne puis plus labourer la terre. Lorsqu'on a pris son parti là-dessus, cette pensée-là ne fait pas grand'peur. Il y a beaucoup de choses plus difficiles à faire que de mourir : par exemple, tuer de pauvres diables qui demandent grâce et ne peuvent pas s'accoutumer à l'idée d'être fusillés. Voilà ce qui me fend le cœur, à moi, quoiqu'on me traite de scélérat, parce que je rends quelquefois le mal pour le mal.

— « André, mon ami, je vous répète qu'il

faut songer à quitter le plus tôt possible cette vie vagabonde, car elle ne convient pas à un chrétien; mais, en attendant que la Providence le permette, vous n'avez pas à vous inquiéter de ce qu'on dit de vous, quand votre conscience ne vous reproche rien. Nous ne sommes pas ici pour plaire aux hommes, mais pour vivre résignés à la volonté de Dieu, dans le malheur comme dans la prospérité. »

En devisant ainsi à voix basse, car du lieu où ils étaient on pouvait entendre le pas mesuré de la sentinelle montant sa garde de nuit, ils rejoignirent la bande, qui attendait avec anxiété le signal de Bonaventure. Le chef eut grand'peine à contenir les éclats trop bruyans de la joie des chouans, lorsqu'ils revirent le vieux prêtre sain et sauf.

— « David a échappé aux embûches de Saül! dit Jann-ar-Floc'h en style caméronien.

Mais cette savante citation, qui prouvait un homme sachant lire, ne fut nullement appréciée, car les Bretons sont aussi ignorans de l'Ancien-Testament qu'ils sont diserts sur la légende.

— « Seraient-ils donc vexés, les bleus, s'ils savaient que vous vous êtes moqué d'eux à leur barbe! disait un autre.

— « Ah! monsieur le recteur, que vous êtes heureux d'avoir pu pénétrer dans cette chère église! Voilà deux ans que je n'y ai mis le pied, moi, et il me semble que quelques gouttes d'eau prises au grand bénitier feraient pourtant du bien à mon front. ».

Celui qui parlait ainsi était un jeune réquisitionnaire de Guiscriff qui avait déserté au moment où son détachement quittait la frontière de Bretagne. Il avait passé dans la Mayenne à la bande de *Jambe d'argent*, et les évènemens de la guerre l'avaient ramené près de son clocher natal. André le Creac'h avait en outre sous ses ordres quelques autres déserteurs, un petit nombre d'hommes échappés à la destruction de *l'armée rouge* du chevalier de Tinténiac, et plusieurs jeunes gens de Guiscriff, récemment enrôlés, moitié de gré, moitié de force, par la prestigieuse terreur qu'inspirait le nom de Bonaventure.

Ces hommes, armés jusqu'aux dents, étaient presque tous à la fleur de l'âge. Les uns portaient le costume bas-breton, d'autres étaient vêtus de courtes jacquettes bleues et d'un gillet rouge, uniforme que les chefs essayaient d'introduire, dans l'espoir de rendre plus facile l'établissement de la discipline militaire.

On eût dit une *guerilla* de la Navarre ou une bande de contrebandiers des montagnes de Ronda. Fut-il jamais, en effet, analogie plus frappante que celle qui rapproche le chouan morbihanais du *guerrillero* castillan? Même attrait pour la vie aventureuse, même persévérance dans les traditions héréditaires, même repoussement contre les obligations régulières de la vie civile, même sentiment de dignité personnelle; chez l'un comme chez l'autre, une apathie profonde, un désintéressement du lendemain qui endort l'Espagnol rongé de vermine à l'ombre de ses haies odorantes, et le pâle Armoricain sur son maigre lit de fougère : tels sont les grands traits de cette physionomie native que chaque jour efface, et que nos enfans chercheront en vain dans les landes de la Bretagne comme dans les plaines arides des deux Castilles, si semblables à celles-là.

On laissa le bourg à droite, et l'on s'enfonça bientôt sur la gauche dans les vastes friches qui entourent Guiscriff. Un nouvel enrôlé fixait alors l'attention de la bande joyeuse.

« En avant, marche! lui disait l'un; halte! lui criait l'autre; tête gauche, fixe! répétait-on de tous côtés.

La victime de ces commandemens contradictoires, qui l'assourdissaient sans qu'il y pût rien comprendre, n'était autre que Perric Dall, lequel tenait un fusil pour la première fois de sa vie.

Bonaventure avait regardé comme impossible de laisser rentrer dans sa loge le sorcier, atteint et convaincu d'y avoir reçu un chef de bande. En conséquence, au moment où Perric revenait de son amoureuse ambassade, un coup d'eau-de-vie sous le bonnet, il fut fort étonné d'apprendre que sa sûreté exigeait qu'il devînt soldat à l'instant même. L'honnête *Basvalen* quitta donc son terrier, comme un renard poursuivi par les chiens, qui va chercher ailleurs un autre gîte. Bien lui en prit; car le lendemain matin, la première pensée du capitaine Florent se reporta sur l'être dont les singulières paroles avaient rempli son âme d'épouvante et peuplé son sommeil de fantômes. L'espoir de la vengeance lui avait rendu toute son énergie, mais il n'osa pourtant pas en savourer le plaisir de ses propres yeux. Lamourette, appelé près du capitaine, reçut l'ordre de prendre un piquet de dix voltigeurs et de faire passer par les armes le nommé Perric Dall, convaincu d'avoir recelé la veille le chef de brigands Bonaventure.

Le sergent porta la main au schako, et ne fit nulle observation, car il en connaissait l'inutilité. Chemin faisant, il s'entretenait avec ses hommes de la maudite commission que le capitaine venait encore de leur imposer; mais il espérait, au fond de l'âme, que, quoique ces animaux de paysans fussent bien stupides, le vieux, qui paraissait un malin et qui *en avait dit de sévères* au capitaine, aurait probablement l'esprit de ne pas les attendre. Ce sentiment était partagé par tous les voltigeurs, selon lesquels de tels actes n'étaient pas propres à attacher l'habitant à la république et à détruire le fanatisme : aussi grande fut leur joie quand ils trouvèrent la cabane vide et qu'ils retournèrent rendre compte au capitaine du résultat de leur expédition.

En l'enrôlant dans sa bande, Bonaventure avait donc sauvé le pauvre diable; mais on lui faisait payer cher la rançon de sa vie : les esprits-forts ne manquaient pas de plaisanter le sorcier, et, sous peine de lui administrer une correction, ils exigeaient qu'il les *charmât* à l'instant même.

Perric Dall était vivement blessé de ces témoignages d'irrévérence. Accoutumé aux respects de la foule, il était tombé dans un monde nouveau, sur lequel il n'exerçait ni terreur ni prestige ; aussi ne se consolait-il des mauvais propos auxquels il était en butte, pour la première fois de sa vie, qu'en observant l'attitude étonnée de quelques jeunes gens de Guiscriff, enrôlés depuis peu, et qui semblaient dire par leurs regards : « Perric se vengera bientôt de ces mauvais sujets-là ! » Deux recrues surtout causaient à voix basse, et disaient:

« La troupe n'a pas maintenant grand'-chose à craindre des bleus. Quand elle serait attaquée par une compagnie de diables aussi noirs que ceux dont parlait l'autre jour le chef, elle serait bien sûre de les renvoyer vite en enfer, puisque nous avons avec nous deux *conjureurs*. »

L'on saura, pour l'intelligence de cette

conversation, que ces diables noirs étaient tout simplement une compagnie de Saint-Domingue, faisant partie de la division républicaine aux ordres du général Chabot. Dans une affaire aux environs d'Auray, ces nègres avaient paru pour la première fois en ligne, et les paysans, qui n'avaient rien vu de semblable, commencèrent par se débander ; mais rappelés au combat par les exhortations des chefs, encouragés surtout en voyant tomber quelques-uns des noirs, ils s'élancèrent bientôt au pas de course sur cette légion de démons, et en firent un effroyable massacre aux cris de *las an diaoul* (1)! Cette affaire, où commença la réputation de Bonaventure, avait confirmé les bruits répandus sur les facultés surnaturelles dont on le disait doué, car les pay-

(1) Mort au diable!

sans croyaient avoir eu véritablement à combattre les soldats de Satan, et cette victoire est encore populaire dans tout le pays de chouannerie.

— « Pour moi, je ne crains qu'une chose, Yvon, disait l'un des interlocuteurs, c'est que le chef et Perric ne se brouillent; et alors nous en verrions de belles, par ma foi !

— « Bah ! Lann, ces hommes-là s'entendent toujours. Vous savez bien ce qui arriva à un *deves bras* (1), au Coshall, entre Perric Dall et Chanic Camm. Ils se prirent de querelle, je ne sais pourquoi, et Chanic jura qu'elle jouerait un mauvais tour à Perric,

---

(1) Grande journée où l'on traite tous les voisins, pour prix des charrois et autres gros ouvrages qu'ils ont consenti à faire gratuitement. La plupart des grands travaux se font ainsi en Bretagne.

chargé de tuer un superbe cochon. Perric, de son côté, se promit de contrarier Chanic, qui tournait un grand bassin de bouillie ; et de fait, l'un charma la bête, l'autre charma le feu ; de manière que le cochon ne rendait pas une goutte de sang, et que le bassin ne bouillait pas, quoiqu'on jetât à brassées le bois dans l'âtre. Quand ils virent qu'ils étaient aussi habiles l'un que l'autre, ils se touchèrent la main, et, peu après, on eut d'excellens boudins doux et une bonne bouillie de blé noir au lait. »

Les deux gars parlant ainsi formaient l'arrière-garde de la troupe, qui marcha long-temps dans la grande lande. Au moment où les premiers rayons du jour se dégageaient d'épais nuages, on parvint à un fort de genets et d'ajoncs, où nuls, excepté les renards, ne semblaient pouvoir pénétrer. Les chouans s'engagèrent dans un étroit passage, écartant les branches, puis les replaçant avec soin dans leur position naturelle, de manière à dépister ceux qui pourraient les poursuivre. Ils descendirent ainsi une pente assez rapide; et dans le fond du vallon, un ruisseau se présenta devant eux. Ce ruisseau, sorti d'un étang voisin, allait à peu de distance se perdre dans l'Hellé, rivière qui, tantôt desséchée et tantôt torrentueuse, suivant les saisons, parcourait une âpre vallée où du milieu des masses granitiques s'élevaient, par intervalle, quelques pyramides de quartz, blanches et brillantes comme de la neige.

M. Denmad fut fort étonné de se sentir saisi par Bonaventure, qui le chargea sur ses épaules, et marcha avec ses hommes sur le lit même du ruisseau.

— « Les bleus ont de fins limiers, monsieur, dit le chef, sans compter les espions, auxquels nous faisons un mauvais parti quand le bon Dieu nous en envoie. L'eau ne trahit personne ; elle est discrète, et l'on peut y marcher sans y laisser plus de trace que ce corbeau qui vole au-dessus du *Menedhu*. »

Après quelques minutes d'une marche difficile, on parvint à une carrière abandonnée depuis des siècles, et qu'un toit en genet préservait de la pluie, en même temps qu'il rendait l'excavation à peine visible.

A l'entrée de cette grotte bouillait une large marmite ; et le paysan qui présidait à ce soin réjouit fort les survenans, en annonçant que la soupe était prête, et qu'elle serait bonne et copieuse. A l'intérieur, on voyait de la paille récemment étendue, quelques caisses contenant des munitions de guerre et de bouche ; au fond, sur une grande perche, s'élevait un bonnet en peau de renard, surmonté d'un immense plumet blanc : c'étaient les insignes que Bonaventure revêtait dans les circonstances solennelles.

Après s'être ranimés à la flamme claire et scintillante d'un feu d'ajoncs et de fougères, et après que l'abbé Denmad eut récité le *Benedicite*, auquel il fut dévotement répondu, les hommes mangèrent la soupe au lard avec une avidité justifiée par les fatigues de la nuit. Les *Grâces* dites, Bonaventure surprit joyeusement la bande en annonçant que, pour célébrer l'heureux retour de M. Denmad, un quartaut d'eau-de-vie allait être mis en perce.

Une grosse gaieté, une gaieté native et vraiment armoricaine circula bientôt avec l'écuelle pleine jusqu'au bord; plusieurs laissèrent promptement leur raison au fond du vase, car, quelque enclin que soit le Breton à l'ivrognerie, il est loin d'avoir la tête forte : peut-être même ce vice n'est-il aussi universel en Basse-Bretagne qu'à raison de la rapidité avec laquelle l'état d'ivresse est produit chez le paysan. Celui-ci semble d'ailleurs moins rechercher le plaisir de la dégustation, qu'une jouissance analogue à celle du musulman mangeur d'opium, qui, sur les rochers du Bosphore, contemple dans une stupide extase la mer coulant à ses pieds, et se confondant au loin avec le ciel.

Avant d'être arrivé à cet état de cadavre vivant, le Breton pris de vin est emporté, querelleur et brutal. Il n'est guère de festins, de noces ou de *dèves-bras,* qui ne finissent par des luttes ordinairement sanglantes, surtout quand des jeunes gens de paroisses différentes s'y trouvent réunis, car en Bretagne la paroisse est une réalité vivante : si ce n'est pas le clan écossais avec sa communauté d'origine et de patronage, c'est au moins l'unité religieuse dans ce qu'elle a de plus étroit et de plus intime.

La discipline militaire n'était pas assez énergique, comme on le croira sans peine, dans la bande de Bonaventure, pour qu'il fût possible au chef de réprimer les effets du *brandy-wine,* dont la flotte de lord Moyra avait grand soin d'approvisionner les insurgés. Envoyer de l'eau-de-vie en Bretagne, c'était jeter de l'huile sur le feu; aussi cette liqueur faisait-elle partie essentielle de tous les débarquemens.

Parmi les gars de Bonaventure, deux surtout paraissaient fort animés. A l'enluminure de leur visage, à leur regard sombre et fauve, à l'air dont ils agitaient leurs *penbas,* on pouvait pressentir un orage qui, en effet, ne tarda pas à éclater.

— « Oui, j'étais à Grand-Champ quand

les bleus attaquèrent le quartier, disait avec emphase un petit homme aux jambes cagneuses; ce fut moi qui tirai le premier dessus; et je puis bien dire que, si Georges avait compris ses intérêts, il m'aurait fait lieutenant de paroisse plutôt que d'autres que je pourrais citer.

— « Tais-toi donc, Jouen, repartit Yann-ar-Floc'h en lui riant au nez; à qui feras-tu croire vraiment que tu as fait fuir quelqu'un dans la vie, si ce n'est en contant tes histoires sans commencement ni fin? On sait bien que s'il arrive quelquefois aux bleus de reculer devant une baïonnette, ils n'ont pas encore eu peur d'une aiguille. Camarades, c'est un tailleur, sauf votre respect (1); il a brodé plus de chemises qu'il

(1) Cette phrase est obligée toutes les fois qu'on parle d'un pourceau ou d'un tailleur. Le *Quemener*

n'en a trempées de sueur en travaillant.

— « C'est à toi à te taire, valet de dames, cria d'une voix aigre le petit tailleur tout hors de lui; tu sens encore l'odeur de la broche que tu tournais au château; et si on te découvrait les épaules, on y verrait la trace des coups de cravache que ton maître t'appliquait quand il lui prenait envie de se réchauffer. »

Ces mots étaient à peine prononcés que les deux adversaires se serraient à la gorge, le front collé l'un contre l'autre, comme deux béliers de Pont-Croix. Les assistans,

---

en Basse-Bretagne fait partie d'une corporation vouée à une sorte d'infamie, et qui a le monopole de toutes les traditions locales et de tous les maléfices. Il y aurait à cet égard de curieuses recherches à faire qui conduiraient à établir l'universelle abjection des professions sédentaires chez les peuples primitifs.

sans plus s'émouvoir que s'il s'agissait d'écouter les publications de François Guiader sous le grand if du cimetière, formèrent le cercle autour des combattans, tout couverts de leur chevelure flottante. Bonaventure voulut s'élancer entre eux ; mais les murmures de la bande lui firent comprendre qu'il courrait risque de compromettre son autorité, et que les chouans ne souffriraient pas qu'on tentât de les soumettre à une discipline que repoussaient leurs habitudes comme leur caractère.

L'abbé Denmad parcourait en ce moment les dehors du quartier, examinant curieusement ce lieu sauvage, dont la connaissance lui avait été jusque-là dérobée.

Entendant du bruit, il se hâta de regagner la carrière. Sitôt qu'il parut, il se fit un grand silence ; et les bras des lutteurs, dont les veines gonflées semblaient prêtes à se rompre, se délacèrent comme par enchantement.

— « Malheureux enfans ! s'écria le vieux prêtre en les séparant l'un de l'autre, pendant que la mort vous menace de tous côtés, vous n'êtes donc pas capables de garder la paix entre vous ! Dans quel état cependant vous paraîtriez devant Dieu, s'il lui plaisait de vous rappeler à lui ! Vous voilà tout pleins de vin et de colère, plus semblables à des pourceaux qu'à des hommes. Où est la marque de votre baptême ? ajouta-t-il en les secouant fortement d'une main, tandis qu'il portait l'autre à leur front humide de sueur; ne l'effacez-vous pas toutes les fois que vous vous abandonnez à votre bestialité ? Buvez, buvez, malheureux ! mais rappelez-vous qu'au milieu de l'enfer vous demanderez vainement une seule goutte pour vous rafraîchir, et qu'au lieu de vous la donner, les diables jetteront du bois dans le feu pour vous rôtir! »

Les images qui enluminent d'ordinaire les prédications bretonnes se pressèrent alors, confuses et désordonnées, dans la mémoire du pasteur; ses paroles étaient brûlantes comme les flammes éternelles, qu'il avait si souvent évoquées dans un style que Mathurin ne désavouerait pas, car M. Denmad avait été l'un des prédicateurs bretonnans les mieux famés des frontières de la Cornouailles.

Ces menaces furent écoutées dans un profond silence, et les deux antagonistes bégayèrent des excuses et des promesses d'amendement. En ce moment, le son lointain d'une cloche se fit entendre.

— « C'est l'*Angelus,* mes enfans, dit le recteur; c'est l'heure où la prière monte au ciel, comme le parfum de la journée qui commence. Prions Notre-Dame la Vierge (1) d'intercéder pour nous auprès de son fils bien-aimé, afin d'obtenir pardon pour nos fautes, appui dans nos dangers, et délivrance dans nos peines. » Et le prêtre, au milieu de la troupe recueillie, récita la mystique prière.

Il était encore agenouillé, perdu dans l'extatique douceur de la salutation angélique, lorsqu'une émotion visible altéra ses traits.

— « Je ne me trompe pas, dit-il en se levant et en prêtant attentivement l'oreille, voici le son de la messe ; c'est le signal du sacrilége. Il va donc encore une fois manger et boire sa propre condamnation ! il va re-

(1) *An Itron ar verc'hes.* On fait également précéder toujours le nom de Dieu de la qualification honorifique de *Autrou.*

nouveler le supplice de Jésus-Christ, et faire saigner toutes ses plaies!... Vous tous qui m'écoutez, me promettez-vous de ne jamais paraître à ce nouveau Calvaire, de ne pas dire *amen* aux prières de l'homme qui perce tous les jours avec une lance le côté de notre Sauveur, et qui m'a chassé de l'église sous le porche de laquelle la place de ma tombe était déjà marquée?

— « Nous vous le promettons, monsieur le recteur! s'écrièrent tout d'une voix les assistans, dont les rudes visages se contractaient par l'émotion.

— « Bien, bien, mes chers enfans, je vous crois; et pour vous récompenser de la joie que me cause votre promesse, j'ai une bonne nouvelle à vous annoncer. Je célébrerai demain matin la messe dans la chapelle du bienheureux Guénolé, mon patron; c'est la seconde partie du vœu qui me reste à accomplir. Je vous engage à mettre ordre à vos consciences, pour y assister tous avec dévotion. Je n'aurai pas, pour célébrer le saint sacrifice, un bel autel comme celui de la Vierge à Guiscriff, ni le calice d'argent massif dont M. de Kersulio fit présent à la paroisse, à la naissance de son premier-né ; mais j'invoquerai Dieu avec un cœur pur, avec une conscience sans reproche; et je défie le malheureux qui s'est emparé de mes dépouilles, de se rendre le même témoignage. »

Le vieillard disait vrai, car, en ce moment, l'abbé Melven était livré à une torture dont l'infinie variété des douleurs humaines ne semble pas pouvoir donner l'idée.

IX

En rentrant au presbytère, après l'entrevue de la nuit, M. Melven s'était senti comme accablé sous le poids d'un secret trop lourd pour lui. Cette confidence, il ne l'avait pas réclamée; on la lui avait jetée à la tête comme un insolent défi à sa probité; on le rendait, par son silence, complice de la violation des lois; on l'insultait là où il avait seul droit de paraître; et celui dont sa générosité consentait à épargner la vie, peut-être aux dépens de la sienne, si cette entrevue était jamais découverte, le traitait comme le dernier des hommes, comme le plus criminel des apostats!

Le moment était venu de se confesser coupable ou d'agir avec énergie; l'heure fatale et décisive avait sonné pour M. Melven; de sa résolution allait dépendre son sort, son éternité peut-être, s'il y avait vraiment une éternité après ce monde. Il est dans la vie un instant redoutable où l'homme tient dans ses mains toute sa destinée; c'est comme l'embranchement de deux routes divergentes, dans l'une desquelles on s'engage sans retour.

M. Melven flottait entre la haine et la pitié, entre la vengeance et le remords. Des idées indistinctes, de vagues images traversaient sa tête fiévreuse; et ce combat épuisait tellement ses forces, qu'il ne faisait aucun effort pour les repousser ni pour les retenir.

Tantôt il se représentait saisissant, au nom de la loi, les perturbateurs de la paix publique, et obtenant pour son civisme les remercîmens des patriotes; tantôt il se voyait dans la chapelle de saint Guénolé, invoquant les pardons du ciel, et recevant, avec la bénédiction du vieux prêtre, l'annonce de sa réconciliation avec Dieu et avec lui-même.

Mais se soumettrait-il donc à tant d'humiliations, et, d'un autre côté, était-il capable d'une résolution si énergique? Son âme ne pouvait ni s'élever à un tel sacrifice, ni descendre à un tel crime. Il faut de la force pour se repentir comme pour persévérer, et la faiblesse n'est un si grand malheur que parce qu'elle interdit l'un et l'autre.

L'abbé Melven n'en était plus sans doute à se dire, comme aux premiers temps de sa promotion : « Je ne trouve pas de mal en moi ; je suis prêtre comme jadis ; j'ai la même foi, le même amour, la même espérance. » Sa foi s'était graduellement effacée, au point de laisser son cœur vide ; et ce qui lui restait de ses premiers sentimens ne servait plus qu'à torturer sa vie : mais quoiqu'il eût, au fond de sa conscience, rompu le lien sacré du sacerdoce, il n'avait pas envisagé jusque-là les conséquences auxquelles il se trouvait soudainement amené ; et ces conséquences étaient pressantes, inexorables.

L'infortuné passa sans sommeil une nuit

que l'obscurité semblait vouloir rendre éternelle. Quelquefois étendu sur son lit, le plus souvent arpentant à grands pas sa chambre, où les dernières lueurs d'une lampe éclairaient un crucifix d'ébène appendu à la muraille avec d'autres attributs sacerdotaux:

— « C'est une affreuse dérision pourtant, se disait-il; je ne suis plus prêtre, et j'insulte tous les jours au ciel et à la terre! Je ne crois plus, non, bien décidément je ne crois plus, je ne peux plus croire...; et cependant je vis de ces croyances, je les prêche à d'autres, je me fais protéger à l'autel par des hommes qui se rient de moi et de mon culte solitaire!... Je suis méprisé des soldats, méprisé des paroissiens, méprisé de moi-même... Oh! c'est trop; il est temps de finir cette farce; je veux redevenir homme, et déchirer cette soutane qui me brûle comme la tunique empoisonnée... Je reverrai Ursule;

je saurai ce qu'elle pense de moi, si elle me hait, si on lui apprend à me haïr... Dans ce cas, malheur à lui! malheur à moi-même!...

« En dénonçant cet homme, je passerai, moi, pour un scélérat, pour un barbare; mais qu'est-il, lui, qui m'arrache froidement ma seule joie, qui vient verser tous les poisons du fanatisme dans un cœur qui s'ouvrait à moi, où je pouvais au moins épancher mes peines, et d'où s'exhalaient quelques paroles d'intérêt et de pitié?... Je l'aime, cette femme; elle eût fini par m'aimer; peut-être aurai-je cessé de vivre en ce monde comme un être rejeté de la création. Ah! mon bonheur, ma dernière chance de bonheur était là; cet homme me l'enlève, il me tue, et se proclame sans reproche!...

« Oh! je souffre tous les tourmens de l'enfer, et j'entrevois pourtant un bonheur immense dont la pensée seule bouleverse tout mon être!... Mais il m'est interdit, à moi, de puiser à ces sources de délices où le dernier des mendians rafraîchit sa vie; jamais la douce haleine d'une femme n'éteindra le feu qui me brûle; jamais ses caresses n'écarteront les soucis de mon front qui se brise... Si j'étais encore enfant, si ma mère seulement pouvait m'embrasser une fois, si elle m'aimait encore quand Dieu et les hommes m'abandonnent!... Mais elle aussi me maudirait comme les autres : et si j'osais en ce moment descendre au cimetière ; si, le cœur plein de doute et la nature soulevée, je passais maintenant sur sa tombe, oh! il me semble qu'elle serait là debout, et qu'elle aussi m'appellerait apostat!... »

Il était six heures du matin, et François Guiader sonnait en ce moment la messe, comme de coutume. En entendant la cloche qui lui annonçait l'instant d'accomplir un devoir dont il ne s'était pas abstenu jusquelà, M. Melven entra dans une sorte de frénésie :

« La messe ! moi, dire la messe ! c'est vouloir me faire anticiper sur ma damnation. Non, je ne paraîtrai plus dans cette église dont les pierres semblent trouver une voix pour m'insulter; je ne monterai plus à cet autel où personne ne veut me suivre.

« Saïc ! ajouta-t-il avec colère en appelant la vieille servante, allez dire qu'on cesse de m'assourdir du bruit de cette cloche ; je suis malade, très-malade, entendez-vous? dit-il à la *carabacen,* qui le regardait d'un air hébété.

La vieille s'acquitta de la commission dans les termes qui lui avaient été prescrits ; et François Guiader, sachant par expérience qu'elle était incapable de donner aucun éclaircissement, s'abstint de l'interroger, et se hâta de retourner au logis. Ursule reprit, en l'apercevant, sa quenouille et son fuseau, qu'elle avait quittés pour lire quelques chapitres du *Rosier mystique*, vieux livre imprimé à Vannes en l'honneur du saint rosaire et des perfections de Marie, et qu'Ursule affectionnait particulièrement.

— « Eh bien, femme, dit Guiader en rentrant, voilà une journée passée sans avoir fait de mal, grâce à Dieu! M. Melven est malade, il n'a pas dit sa messe, et je n'ai pas, par conséquent, été obligé de la répondre.

— « Tant mieux, François; mais cela ne durera pas long-temps, et il nous faudra bien prendre un parti.

— « Et quel diable de parti voulez-vous que je prenne? Ne faut-il pas que je vous gagne du pain à vous et à mes enfans? M. Denmad lui-même n'a pu s'empêcher de reconnaître que c'était juste. Que voulez-vous que je devienne dans un temps où l'on ne trouve pas seulement une journée à gagner ? Faut-il que je me fasse chouan et vous chouanne ? C'est bien triste, Ursule; et avant de me faire saigner le cœur par vos reproches, vous devriez réfléchir.

— « Mes réflexions sont toutes faites, François; je ne resterai pas ici, je ne puis pas y rester, entendez-vous ? Si vous aviez comme moi confiance en Dieu, nous prendrions nos pauvres enfans, et nous irions demander notre pain dans les villages, où l'on ne nous refuserait pas, quand on saurait que nous ne sommes devenus mendians que pour demeurer sans reproches. »

Guiader, tout brave homme qu'il était, ne poussait pas l'abnégation à ce point, et allait répondre assez vertement à sa femme, lorsque Saïc parut, annonçant que M. Melven était malade, et voulait parler tout de suite à Ursule.

— « Il a la fièvre, sans doute, dit la vieille, car il s'est démené toute la nuit comme un diable dans un bénitier.

« Pourvu qu'il ne sache rien! dit François tout tremblant.

— « Soyez tranquille, reprit Ursule, Dieu nous protégera, car nous avons agi en honnêtes gens. » Et la jeune femme suivit la *carabacen* d'un pas tranquille.

En apercevant Ursule, le front pâle de M. Melven se colora légèrement : il la fit asseoir, et la contempla quelques instans en silence.

« Ursule, lui dit-il, il est temps que je cause seul avec vous. Pourquoi me fuyez-vous et m'enviez-vous maintenant la douceur de quelques conversations? Pourquoi ne paraissez-vous plus à l'église, où votre présence m'inspirait autrefois des pensées de recueillement? Vous me repoussez donc aussi sans pitié, quoique je n'aie rien fait qui justifie un tel traitement de votre part? Vous croyez-vous coupable pour vous entretenir avec moi? croyez-vous aussi participer à un sacrilége en assistant à ma messe? Parlez sincèrement, Ursule ; de vous je peux tout entendre. »

Rassurée par le ton de M. Melven, Ursule reprit :

« Pardonnez-moi, monsieur, je vous dirai la vérité. Je ne me plains pas de vous, nous n'avons jamais eu à nous plaindre : bien au contraire. Mais il est vrai que je suis inquiète et que j'éprouve quelquefois des scrupules. Je ne suis qu'une pauvre femme ignorante, monsieur; j'ai peut-être tort; je ne prétends juger personne; mais que voulez-vous? On ne commande pas à sa conscience, n'est-ce pas?

— « N'est-ce qu'à l'impulsion de votre

propre conscience que vous avez cédé, Ursule, en vous éloignant de moi, au risque de me faire prendre mes fonctions en dégoût et de pousser à bout ma patience? On vous a infectée de mauvais conseils, et vous les avez trop fidèlement suivis.....

— « Il n'y a que moi de coupable en cela, monsieur; François lui-même m'a blâmée.

— « Votre mari est sans influence sur vos résolutions, je le sais; mais d'autres ne sont-ils pas plus heureux? D'autres ne reçoivent-ils pas maintenant ces aveux que vous ne faisiez autrefois qu'à moi seul? Ursule, la nuit n'est pas tellement épaisse qu'un œil vigilant ne puisse découvrir ce qui se trame dans ses ténèbres. Il s'est passé d'étranges choses dans l'église de Guiscriff; et si les murs parlaient, il y aurait de quoi faire tomber plus d'une tête... »

A ces mots, la mort entra dans l'âme de

la malheureuse; elle comprit que tout était découvert, et que le sort de l'abbé Denmad était entre les mains de son ennemi. Elle n'avait pas assez l'habitude des hommes pour ne pas augmenter encore les dangers d'une situation déjà si terrible. M. Melven devina ses angoisses, et une pensée domina son cœur, soudaine et puissante comme une inspiration de l'ange des ténèbres.

« Je sais tout, Ursule ; je connais, et la cause de votre soudain éloignement pour moi, et la main qui a ouvert à cet homme la porte du lieu où il est entré pour insulter à moi-même et aux lois de la république. Un devoir inexorable m'est imposé, et de vaines considérations ne m'empêcheront pas de le remplir. M. Denmad mourra ; sa mort est nécessaire à la tranquillité de ce pays, où l'esprit d'insurrection se propage. Il faut enfin un grand exemple, et cet exemple sera donné. »

Puis il ajouta après une pause et en se plaçant près d'Ursule pâle et tremblante :

« Je ne connais qu'une personne sur la terre qui puisse peut-être le sauver. Il y a une femme dont je n'ai jamais entendu la voix sans me sentir ému jusqu'au fond de l'âme, et dont le regard m'a toujours envoyé de douces pensées... Si cette femme, oh! si cette femme me disait : « Sauvez un vieillard que son imprudence et peut-être la mienne ont compromis, sauvez-le, et je promets d'oublier que vous êtes prêtre pour ne voir en vous qu'un être malheureux comme moi! » Alors, Ursule, je me jetterais entre M. Denmad et l'échafaud, j'y monterais s'il le fallait pour l'en arracher; mais pour que je sois désormais capable de générosité, il me faut un mot, un seul mot de vous, une espérance de bonheur! »

Et M. Melven, l'œil ardent, les joues enflammées, s'approchait de la jeune femme ; il pressait d'une main nerveuse les pans de sa robe flottante, et l'embrassait d'un regard où la passion brillait pour la première fois.

Ursule, qui l'avait d'abord écouté avec surprise, puis avec effroi, se sentit tout à coup illuminée d'en-haut, et mesura soudain la profondeur de l'abîme au bord duquel elle s'était jouée pleine de candeur et de confiance.

« Taisez-vous, lui dit-elle en se levant et en l'arrêtant d'un geste de commandement : je vous comprends enfin, et malheur à moi pour vous avoir trop long-temps écouté..... Savez-vous bien que tous les démons réunis n'inventeraient rien de pire que ce que vous venez de me dire, et que vous me faites horreur, monsieur ? Lorsque Satan tenta notre première mère, il se cacha du moins sous la figure du serpent ; mais vous, vous vous montrez à découvert, et vous faites voir sans rougir tout ce qu'il y a d'infernal dans votre âme.

« Oh! grâces vous soient rendues, mon Dieu, qui n'avez pas permis que le tentateur séduisît une pauvre créature abandonnée, et qui me donnez le courage d'exprimer en face à cet homme tout le mépris que je lui porte!

— « Ne parlez pas ainsi, Ursule, ou vous dresserez vous-même l'échafaud de M. Denmad...

— « Le saint vieillard qui vous a servi de père ne permettrait pas que je rachetasse sa vie ni la mienne en écoutant plus long-temps vos discours abominables. Livrez-nous de suite au bourreau; épargnez seulement mon mari, qui a cédé à mes conseils; épargnez mes enfans, qui n'ont pas l'âge pour être guillotinés : voilà tout ce que je désire, tout ce que j'accepterai de vous.

— « Ursule ! Ursule ! dit M. Melven à la jeune femme, qui s'en allait d'un pas ferme, prenez garde, au nom de Dieu, prenez garde... Si vous me regardez comme un scélérat, savez-vous bien que vous m'obligerez à le devenir ? Ne me poussez pas à bout, car vous seriez responsable de ma chute..... Oubliez des paroles qui m'ont été arrachées par des douleurs dont vous devriez au moins prendre pitié.

— « Je ne les oublierai pas plus que l'enfer, qui a tressailli de joie en les entendant, vil apostat !

— « Ecoutez, dit alors M. Melven en se rapprochant de sa table, je n'ai qu'une parole à prononcer, qu'un mot à écrire...

— « Ecrivez, malheureux, ce sera l'arrêt de votre damnation !

— « Cela peut être, dit M. Melven, mais ce sera aussi l'arrêt de sa mort. »

Et Ursule était à peine sortie, qu'il saisit une plume, et adressa au capitaine Florent le billet suivant :

« J'ai la certitude que l'abbé Denmad est « caché aux environs; il célébrera la messe « demain matin à la chapelle de Saint-Gué- « nolé.

« Ce 13 brumaire.

« Salut et fraternité,

« MELVEN. »

A chaque pays son symbole et la poétique expression de sa vie et de ses souvenirs. En Italie, c'est la colonne aux feuilles d'acanthe ou l'antique mausolée s'élevant dans la campagne romaine; dans la péninsule ibérique, c'est l'*alcazar* moresque perché au sommet des sierras brûlées par le soleil; l'Angleterre a ses tours féodales et ses usines à vapeur; la Provence ses riantes bastides sortant d'un bosquet d'oliviers; la Bretagne ses chapelles miraculeuses et ses croix monolithes.

On ne peut faire un pas dans l'intérieur de cette contrée sans que l'histoire de l'établissement du christianisme ne s'y révèle de toutes parts. Les ruines des vastes abbayes de Saint-Gildas et de Landevennec montrent comment la foi nouvelle envahit les colléges mêmes des druides et s'établit au centre de leur domination religieuse. Les gigantesques monumens encore debout à la presqu'île de Rhuis, dans la mystérieuse île de Sein, sur les côtes houleuses de Crozon et du Conquet, au centre enfin de la péninsule armoricaine, attestent la vitalité de ce culte antique de la nature et de ses forces, qui fut sanctifié par le christianisme plutôt qu'aboli par lui. Enfin les innombrables chapelles s'élevant au pied des *dolmen* renversés, et sous lesquelles coule encore l'eau du sacrifice, gardent le nom et le souvenir des apôtres qui, dans les quatrième et cinquième siècles, mirent à fin par leurs travaux et leurs miracles l'œuvre de la conversion des Armoriques.

La Bretagne passa sans transition du druidisme au christianisme, et ne prit au polythéisme romain ni ses fêtes ni ses temples; elle sortit des *cromlec'hs* de hy-ar-bras pour entrer toute fervente dans les églises de Jésus-Christ, sans traverser, comme le reste des Gaules, les sanctuaires de Jupiter et de Vénus.

Si, lors de l'établissement de Conan dans

l'Armorique, quelques villes, séjour habituel des légions romaines, avaient consacré des temples aux dieux des vainqueurs, les campagnes ne connaissaient pas même de nom ces brillantes idoles de la Grèce et de l'Italie, et les Armoricains indomptés continuaient à s'assembler dans leurs bruyères ou sur la lisière des forêts sacrées, pour écouter les voix de l'archi-druide et des vierges fatidiques, qui leur arrivaient mêlées au murmure des vents et au bruit des grands chênes balancés par l'orage.

La transition du culte symbolique de la nature au culte chrétien, qui, en son unité, absorbe tous les symboles, est le fait dominant de l'histoire de cette contrée reculée : c'est ce qui lui a conservé un caractère indélébile, et ce qui a donné à sa légende un intérêt si naïf et si pittoresque.

La plupart des apôtres de la Bretagne

furent ou de vieux druides désabusés, ou des disciples du druidisme élevés dans les colléges de Ruis, de Calonnèse, d'Uxantis (1), et qui consacrèrent au Christ les fruits d'une mystérieuse science cueillis à l'ombre d'autres autels. De là, sans doute, l'infinie variété des œuvres théurgiques et thaumaturgiques que les hagiographes bretons prêtent avec tant de complaisance aux premiers apôtres de la foi chrétienne en Bretagne.

Presque tous ces saints et savans personnages venaient ou des colléges fameux que

(1) *Ouessant* ou *Huessa*, île de l'Épouvante, ou, littéralement, *de la Sueur froide*. M. de Fréminville assure avoir eu entre les mains des titres du 16e siècle, dans lesquels l'île d'Ouessant est encore désignée par ce nom caractéristique. (*Antiquités de la Bretagne* (*Finistère.*) Brest, 1831.)

nous avons nommés, ou de la Cornouailles anglaise, et surtout de l'Irlande. La verte Erin, l'île des saints du moyen-âge, peut à bon droit se proclamer la marraine de l'Armorique. C'est elle qui l'a enfantée à la foi; ce sont les moines irois, comme parle Albert-le-Grand, qui ont versé l'eau du baptême sur la tête des Armoricains. Un ardent prosélytisme établissait alors entre ces deux parties de l'Europe un échange de relations quotidiennes, à peine croyable aujourd'hui, bien qu'attesté par les monumens les plus irrécusables. Et peut-être faudrait-il remonter à cette commune paternité chrétienne pour bien comprendre la physionomie fraternelle de deux peuples pauvres et croyans, passionnés et mélancoliques, qui l'un et l'autre ont retrempé dans le sang leur foi religieuse et leur nationalité.

Si vous me demandiez comment se faisaient ces fréquens voyages d'apôtres et de cénobites dont nous lisons de si beaux récits, comment un même abbé pouvait surveiller à la fois les monastères établis par lui en Irlande, en Cornouailles et en Armorique, je vous dirais que rien n'était plus simple. Les pieux voyageurs traversaient d'ordinaire l'Océan dans des auges de pierre, ou bien ils marchaient sur son sein devenu solide et poli comme du cristal, ou ils voyageaient à califourchon sur un nuage; il leur arrivait même quelquefois de se trouver pendant leur sommeil transportés d'un monastère à un autre : c'est ce que vous verrez doctement exposé dans la *Vie des saints de Bretagne,* avec bien d'autres choses encore.

Arrivés sur les côtes de l'Armorique, les apôtres étaient presque toujours attaqués par les idolâtres, et n'échappaient à la mort qu'en faisant maints miracles. Les épreuves habituelles consistaient à combattre un dragon à têtes multiples qui désolait la contrée, et contre lequel avait échoué le courage des plus intrépides chevaliers. Mais ce n'était pas par les armes charnelles que les saints voyageurs triomphaient du monstre : ils en avaient raison en récitant dévotement l'*Ave Maria* et en lui passant leur étole au cou. Le dragon devenait alors aussi doux qu'une colombe, ce qui se peut voir dans la belle histoire de saint Paul, apôtre du Léon, qui fit tant de prodiges chez le roi Marc et le seigneur Guythure, ou bien dans celle du bienheureux Riok, fils d'un prince breton destiné, dès sa naissance, à la dent sanglante d'un autre minotaure, et qui n'évita ce sort cruel que par la promesse que firent ses parens de le consacrer au nouveau culte.

Entre les prédicateurs de la foi chrétienne

sortis des sanctuaires du druidisme ou venus de la Bretagne insulaire en la Bretagne armorique pour y occuper des siéges épiscopaux ou y fonder des monastères, il en est un dont la popularité est grande et dont le nom est particulièrement vénéré dans ce pays.

Guénolé, fondateur de la royale abbaye de Landevennec, était neveu de Conan et fils d'une belle dame nommée *Guen* ou Blanche. L'enfant avait été, du nom de sa mère, appelé Guénolé, comme pour présager la candeur, sincérité et innocence de sa vie. Son père Fragan, gouverneur du Léon pour Conan, le mena à saint Corentin, lors retiré dans la forêt de Ploumodiern, et qui lui-même avait été disciple du grand druide Al-hir-Bad. En l'école de ce saint homme, Guénolé eut deux condisciples de grande piété et religion, Tugdin et Jacut, l'un Armoricain, l'autre Gallois, et tous deux canonisés après leur mort (1).

L'enfant allant quelquefois visiter son père en son gouvernement, il arriva qu'un jour le pays de Léon se trouva menacé par une bande de pirates païens. Leur flotte était en vue, et si épaisse, que les mâts des navires semblaient une forêt. Fragan réunit à la hâte une petite armée pour repousser ces barbares; mais l'avant-garde s'enfuit pleine d'épouvante en découvrant du sommet d'une colline la mer chargée de vaisseaux; et l'on rapporte que le chef s'écria avec terreur : *Me a vel mil guern!* c'est-à-dire : Je vois

(1) Ce n'est, je crois, qu'au 12ᵉ siècle que les papes se sont réservé le droit exclusif de prononcer les canonisations. Jusqu'à cette époque tous les évêques y prétendaient, ce qui explique la multitude de saints locaux, inconnus dans le reste du monde chrétien.

mille mâts. En mémoire de quoi fut élevée une croix qui, à présent encore, s'appelle *croas ar mil guern*. Cependant l'intercession de Guénolé, qui, comme un autre Moïse, priait avec ferveur pendant le combat, décida l'entière défaite des pirates, dont les vaisseaux furent tous brûlés. Le pieux jeune homme sollicita son père de consacrer le butin fait sur l'ennemi à l'édification d'un monastère, qui fut en effet bâti sur le lieu même où s'était livrée la bataille. De ce jour Guénolé fut rempli de l'esprit-saint, et sa vie fut une longue succession de miracles.

Un jour que le roi Grallon donnait un tournoi en sa belle ville d'Is, où se trouvaient grand nombre de seigneurs tant du pays qu'étrangers, un jeune homme fort aimé du roi perdit les arçons et fut jeté de raideur contre terre, dont il mourut sur le champ, de quoi la compagnie fut fort attristée. Mais Guénolé passant par-là et ayant entendu ce que c'était, mit le genou en terre, fit sa prière, et prenant le mort par la main, lui dit : *Mon frère, au nom de celui qui t'a créé, je te commande de te lever sur pied!* ce que le trépassé fit incontinent, remerciant le saint, dont le renom alla s'étendant par tout le pays.

Peu après, un de ses disciples, du nom gallois de *Thethgonus,* s'étant endormi, fut mordu d'un serpent dont le venin, s'écoulant partout son corps, le rendit gros et tout plombé. Guénolé ayant eu compassion du pauvre enfant, oignit la morsure d'huile sainte, et le venin en découla aussitôt goutte à goutte : de plus, ayant fait le signe de la croix sur la tannière du serpent, l'animal creva sur le champ; et depuis, oncques ne s'est trouvé en ce quartier aucun reptile malfaisant.

Guénolé reçut les ordres de la main de

saint Coréntin ; et peu après, il quitta le continent pour se rendre dans une île que la légende ne nomme pas ; mais il se lassa bientôt de ce séjour, et résolut de revenir en terre ferme. Il n'avait pas de vaisseau, ayant laissé dériver celui qui l'avait conduit en ce lieu, mais il ne s'émut de cela ; et s'étant mis en prière, il frappa la mer de son bourdon ; puis il marcha dessus aussi fermement que si c'eût été un rocher. De retour en Armorique, Guénolé alla voir le glorieux Martin, archevêque de Tours, et fut promu au royal monastère de Landevennec, que Grallon venait d'élever en face de l'Océan et à l'extrémité du monde habitable.

De pieux disciples accoururent de toutes parts à ce monastère, parmi lesquels le plus célèbre fut saint Guennaël, qui, inspiré d'en haut, quitta les jeux de son enfance pour suivre le vénérable abbé, dont il devint le successeur. Dieu assista merveilleusement Guénolé dans la direction de son naissant monastère. C'est ainsi que les religieux manquant d'eau potable, il lui fût révélé qu'il eût à fouir dans le préau du cloître, entre le Sud et l'Ouest. Le saint ayant, en effet, frappé ce lieu de sa crosse, il en jaillit une vive source, laquelle fournit abondamment tout le monastère, et s'est toujours appelée depuis *Feunteun san Venolé*.

Ces soins ne rendaient pas pourtant le bon religieux indifférent à sa famille, et il eut le bonheur de préserver une de ses sœurs d'un malencontreux accident. Cette sœur, chassant un jour des oies sauvages dans la forêt du château de *Lesguen*, une de ces oies lui tira un œil de la tête et l'avala; ce qui attrista fort ses père et mère. Saint Guénolé étant pour lors en oraison dans son monastère, fut averti par un ange de ce qui se passait : il se rendit chez son père en diligence, empoigna l'oie, lui fendit le ventre, en tira l'œil, et le remit à sa place; puis, faisant dessus le signe de la croix, il le rendit aussi clair et aussi beau que jamais.

Guénolé cependant était vieux et cassé, et désirait de toute l'ardeur de son âme se voir délier de son corps. Il en importunait continuellement le Ciel, ne passant plus le temps qu'à méditer la Passion du Sauveur, se préparant à déloger de ce monde pour s'établir en l'autre, où il avait depuis longtemps ancré toutes ses espérances.

Le soir avant le jour qu'il trépassa, étant en oraison devant le Saint-Sacrement, l'église devint tout à coup radieuse comme en plein midi, et un ange lui apparut, si resplendissant que ses yeux ne pouvaient en soutenir l'éclat. Ce messager lui révéla que, le lendemain, Dieu l'appellerait à lui pour lui décerner le prix dû à ses travaux. Le saint abbé, ravi d'aise d'une si bonne nouvelle, passa tout le reste de la nuit en prières et en actions de grâces ; et le matin venu, il convoqua capitulairement tous ses religieux, et, leur ayant manifesté sa vision, il les exhorta amoureusement à l'observance de la règle, puis se fit mener dans l'église, où, s'étant assis en sa chaire abbatiale, il rendit son âme à Dieu l'an de grâce 448.

Telle est l'histoire de saint Guénolé, « dont la mémoire, dit Albert-le-Grand, est « si vénérable à nos Bretons, qu'ils en im- « posent le nom à leurs enfans, et qu'il n'y « a évesché en Bretaigne où il n'y ait grand « nombre d'églises et chapelles dédiées à « Dieu, soubs le nom et patronage de ce glo- « rieux sainct. »

Guiscriff avait aussi voué de toute antiquité une chapelle à saint Guénolé ; et les chênes centenaires qui en ombrageaient le placite avaient vu passer bien des révolutions avant celle qui livra ces arbres vénérables à la cognée d'un acquéreur, dont le premier soin fut de les abattre.

Il démolit en même temps, comme inutile et comme n'étant propre qu'à entretenir la superstition populaire, l'ermitage, dont la petite flèche aiguë dominait avec tant de grâce un portail en ogive, orné de colonnettes et de figurines.

Ce portail et la rose du fond, décorée d'une verrière, accusaient le style du quinzième siècle; mais les murs latéraux offraient des traces visibles de l'architecture romane, et remontaient aux premiers temps du christianisme. En considérant les nombreuses figures de démons enchaînés au porche, voltigeant au haut des voûtes comme des essaims de chauve-souris, ou tenus en respect par la crosse de pierre d'un évêque ou le goupillon d'un saint abbé, on pouvait voir que cette chapelle était un des innombrables témoignages de la victoire de la foi chrétienne sur le polythéisme : victoire symbolysée, dans les traditions populaires de l'Armorique, par la lutte d'un chevalier contre un dragon à cent têtes, et représentée dans le style gothique par cette multitude de figures infernales rugissant autour des basiliques, ou bien y étalant les attributs de toutes les concupiscences humaines.

L'église de Saint-Guénolé était un de ces lieux vénérés que la religion nouvelle dut s'attacher à sanctifier ; et l'on voyait encore, en face de la chapelle, un *Peulvan* autour duquel dansaient en cercle, au clair de la lune, les nains poulpiquets (1), ces

(1) Voyez sur les poulpiquets, et en général sur

joyeux frères des fées. Au côté droit du seul autel que possédât la chapelle, avait été creusé un grand trou d'où les dévots tiraient une terre possédant de merveilleuses propriétés.

L'abbé Guénolé Denmad avait vu les derniers jours de splendeur de cet antique édifice ; il avait assisté aux dernières luttes livrées sur le vert placite ; il avait reçu les dernières écuelles de beurre offertes au bon abbé de Landevennec. Si les chapelles de saint Maudé, de saint Urlow, de saint Antoine et de saint Eloi, étaient encore debout en Guiscriff, celle de saint Guénolé ne subsistait déjà plus. L'autel et le pignon auquel

---

les traditions locales, les *Antiquités du Morbihan*, de l'abbé Mahé. (Vannes 1817). Cet ouvrage, écrit avec la vaste, mais impitoyable érudition du 16ᵉ siècle, a tous les défauts de ses qualités.

il était adossé existaient seuls, car les pierres des murailles avaient été symétriquement toisées pour être vendues à un conducteur de travaux publics. L'acheteur n'avait dédaigné que quelques têtes de saints, dont il était impossible de faire de la pierre de taille, et qui jonchaient le sol comme les ossemens d'un grand cadavre.

M. Denmad avait versé des larmes en apprenant de Bonaventure l'état de désolation où était sa chère chapelle; mais il avait persisté à y accomplir son vœu. « Les ruines, avait-il dit, conviennent à une religion persécutée et à un Dieu proscrit. »

Dès quatre heures du matin, toutes les dispositions avaient été faites, et la petite bande s'était mise en marche. Une demie lieue environ séparait la carrière des décombres où allait se consommer le sacrifice. Cette chapelle était située à droite de la route qui conduit de Guiscriff au Faoüet, sur un petit plateau qu'un bois taillis dominait d'un côté, et qui de l'autre descendait par une pente insensible jusqu'à un vaste frostage coupé de bouquets d'aulnes. Rien n'était plus solitaire que ce lieu ; rien n'avait été plus pittoresque, tant que les chênes et les châtaigniers du placite s'étaient enlacés autour de la vieille chapelle, comme les témoins vivans de sa fondation : mais alors tout était nu, et l'œil plongeait à plomb sur les ruines.

Mais la troupe de Bonaventure n'était pas la seule à se mettre en campagne dans cette nuit du 4 novembre. Le capitaine Florent prenait aussi d'habiles dispositions, et ses voltigeurs bondissaient de joie à l'espérance de voir enfin les chouans en face, et de les interrompre dans leurs oraisons.

En recevant le billet de M. Melven, Florent avait éprouvé un sentiment inexprimable :

« Cet homme était donc bien à lui ! Il l'a-
« vait amené à lui livrer son bienfaiteur, et
« bientôt il y aurait du sang de prêtre sur
« ses mains consacrées ! Il ne serait plus
« seul; il avait formé mieux que lui-même ! »

Si l'on sait tout ce qu'il y a de volupté dans le mal, pour l'homme séparé de Dieu, on doit comprendre cette ineffable jouissance. Le crime a ses extases comme la vertu ; l'enfer a ses joies comme le ciel.

L'officier s'était rendu de suite près de M. Melven, qu'il avait trouvé anéanti sous l'énormité de cet acte; mais il lui rendit quelque ressort en s'adressant à ses sentimens républicains, et en lui épargnant pour cette fois les traits de son amère ironie. M. Melven ne résista à aucune question ; il raconta tout, en ne dissimulant de sa conversation avec Ursule que ce qui lui était personnel. Il fut convenu qu'une embuscade serait dressée aux chouans, et que, sans rien décider encore relativement à la famille du sonneur de cloches, on se bornerait à la surveiller pour intercepter les avis qui pourraient être adressés au prêtre caché : inutile précaution, du reste, car M. Denmad n'avait pas fait connaître à Ursule le lieu de sa retraite.

XI

La bande de Bonaventure venait d'arriver à Saint-Guénolé, et se rangeait dans un appareil militaire au milieu des décombres entassés. Une nappe blanche décorait l'autel;

et quelques torches de résine, par lesquelles sont éclairées toutes les maisons bretonnes, fixées dans les crevasses du pignon encore debout, donnaient plus de fumée que de lumière.

Le chef était au pied de l'autel, paré de son grand costume. Le bonnet fourré couvrait sa tête, et sur ses épaules pendait une longue queue de renard, qui se confondait avec sa rouge chevelure. Il portait le *chuppen* et les *bragou-bras;* ses jambes étaient ceintes de hautes guêtres de cuir, et son pied nu était emboîté dans un immense sabot que débordait un bourrelet de paille. A son côté pendait un sabre anglais, et son bras droit s'appuyait sur sa carabine.

Bonaventure avait eu soin de placer des factionnaires à l'entrée des deux seuls chemins qui aboutissaient au placite. Mais quarante voltigeurs partis de nuit, embusqués dans la taille que l'hiver n'avait pas encore dégarnie, suivaient tous les mouvemens des chouans, tandis que ceux-ci, dans la plus entière sécurité, se disposaient à entendre dévotement la messe.

Le capitaine Florent avait réparti son monde en deux détachemens, pour enfiler l'église en deux directions différentes. Le sergent Lamourette, qui en commandait un, se glissa à travers les broussailles; et accostant le capitaine:

— « N'est-il pas temps de commencer la chasse, lui dit-il, puisque tout le gibier est là?

— « Pas encore, répondit Florent; voilà des paysans qui arrivent, il faut leur faire la politesse de les attendre. »

Un petit nombre de femmes et de cultivateurs, que le chef avait cru pouvoir mettre dans la confidence, arrivaient, en effet, et s'agenouillaient sur le placite.

— « Quand faudra-t-il tirer, capitaine? » dit Lamourette.

Une réponse faite à voix basse provoqua chez le vieux soldat une sorte d'hésitation; il regarda son chef, comme pour voir s'il parlait sérieusement; mais le front sévère de Florent en disait plus que ses paroles.

Le sergent s'en fut, sans répliquer, reprendre son poste, en se disant que le capitaine avait des idées à lui sur lesquelles il n'était pas bon de le contredire.

Cependant, toutes les dispositions faites, l'abbé Denmad s'avança vers l'autel, assisté de Yann-ar-Floc'h, qui, au service de Mme de Kersulio, avait appris à répondre la messe. Le vieux prêtre était revêtu d'une chasuble sur le champ noir de laquelle se dessinait une large croix blanche; vêtement de deuil en harmonie avec ce lieu et la voix cassée du ministre, que ses pleurs interrompirent plus d'une fois pendant le cours du saint sacrifice.

Avant de monter à l'autel, il dit l'hymne du roi-prophète, et demanda au Dieu de sa jeunesse la paix du cœur et l'espérance; puis il frappa sa poitrine, et en laissa échapper trois fois ce cri éternel de l'humanité : *Seigneur, ayez pitié de nous!* Alors, comme soulagé par l'épanchement de ses douleurs, il entonna le cantique de gloire que les anges chantent au plus haut des cieux; enfin, recueilli dans sa prière, il implora les secours d'en-haut pour l'Eglise, pour les fidèles et pour lui-même.

Après l'évangile, l'abbé Denmad se retournant vers l'assistance, s'abandonna à toute la puissance de ses émotions. On a vu que le recteur de Guiscriff avait eu dans son temps une réputation de prédicateur : nul ne faisait de plus effrayans tableaux de la damnation, et n'était plus propre à donner de la solennité à un *pardon* de campagne.

Aux beaux jours de sa gloire, il aurait sans doute dédaigné le simple prône qu'il fit à l'autel de saint Guénolé, et pourtant ce prône fut sublime.

Le prêtre avait pris pour texte de sa paternelle allocution, l'incertitude du jour de la mort et la nécessité d'être toujours préparé pour ce redoutable passage. Il avait montré combien sont vaines les joies de la vie, plus rapides que la fleur des champs, et dont la poursuite nous détourne des seuls bien dignes de fixer nos âmes immortelles; il avait rendu grâce au Seigneur son Dieu des épreuves auxquelles il soumettait ses fidèles, pour leur rendre plus faciles ce détachement des biens du monde, ce dégagement de soi-même, cette mort spirituelle qui est le paradis de l'âme pour le chrétien. Il avait fait voir que la suprême félicité consiste à vivre ici-bas résigné à la volonté de Dieu, et que tel est est le bonheur des anges dans le ciel.

Après avoir exposé les austères et consolantes doctrines de la foi catholique sur la mort, il fit un retour sur lui-même; et prononçant ces paroles du Christ à ses disciples : *Voici que l'heure est proche,* il s'en fit une heureuse et touchante application. Il parla comme un homme prêt à quitter la terre et qui a reçu le pressentiment de sa délivrance.

« C'est la dernière fois, dit-il en terminant, que j'offrirai le saint sacrifice dans cette paroisse; mais peut-être, chrétiens mes frères, est-ce aussi pour la dernière fois que plusieurs d'entre vous y assistent.

« La vie de l'homme n'a pas de lendemain; ses jours passent comme la feuille emportée par un vent d'hiver; et tel qui s'est endormi plein de jeunesse s'est réveillé mangé des vers dans son tombeau. *La mort vient comme un voleur,* mes enfans, et c'est aujourd'hui surtout que nous devons à chaque instant nous tenir prêts pour le grand voyage.

« Qui pourrait vous attacher encore à la terre dans ces jours de désolation où vous menez une existence si pleine de périls pour vos corps et pour vos âmes? Ah! bienheureux donc ceux qui s'endorment en paix dans le Seigneur, et qui laissent cette vallée de larmes pour aller jouir de la récompense que Dieu a promise à ses élus pendant la suite des siècles. Ainsi soit-il. »

L'auditoire s'était associé aux sentimens si divers du vieux prêtre; il avait tout compris, et ses joyeuses actions de grâces pour le bonheur qu'il recevait, et ses mélancoliques adieux à la vie, et ses solennelles parolés sur l'heure incertaine de la mort. Il n'était pas un seul de ces hommes grossiers dont la pensée ne planât en ce moment au-dessus de ce monde, et qui ne s'associât de toutes les puissances de son âme à l'accomplissement du mystère qui se consommait entre la terre et le ciel. La cloche sonna, et toutes les têtes s'inclinèrent : le prêtre éleva bientôt le calice au milieu de l'universel silence.

Il ne l'avait pas encore abaissé qu'une décharge l'étendit au pied de l'autel tout couvert du sang de Jésus-Christ. Deux chouans et une femme tombèrent également ; une seconde décharge mit le comble à l'épouvante et à la confusion.

« Trahison ! dit Bonaventure, voici les bleus ! Jour de Dieu ! ne bougez pas ! cria-t-il d'une voix terrible à ses hommes qui s'enfuyaient de toutes parts : rallions-nous derrière ce tas de pierres, et face à l'ennemi ! »

Mais les chouans étaient déjà débandés, et la vue de deux détachemens républicains qui se montrèrent alors sur la lisière du bois acheva la déroute.

Quelques coups de feu furent échangés de part et d'autre ; un voltigeur fut atteint, tandis que le malheureux Perric-Dall, aussi malhabile à la fuite qu'au combat, tombait mortellement blessé.

Bonaventure voyant qu'il n'y avait pas espérance de rétablir la lutte et de la soutenir avec des forces aussi inégales, ne songea plus qu'à soustraire aux outrages de l'ennemi la victime qui gisait au pied de l'autel. Il chargea sur ses épaules M. Denmad, dont le bras droit avait été brisé, et s'élançant dans le frostage, il disparut soudain derrière une haie de coudriers et de saules. Le mouvement parut rappeler le vieillard à la vie, et bientôt quelques paroles s'exhalèrent du milieu de ses plaintes : « Mon Dieu, disait-il, vous avez puni mon imprudence; mais qui pouvait croire pareille chose?... »

Le chef prêtait l'oreille à ces sons inarticulés en même temps qu'il franchissait les ruisseaux et gravissait les hauts fossés avec la légèreté d'un chasseur des Alpes.

« Le malheureux! continua M. Denmad, il m'a trahi! S'il m'avait au moins livré seul quand je me confiais à lui sans défense!

— « Qui vous a trahi? monsieur le recteur, qui nous a livrés? Nommez-le; au nom de Dieu, parlez... »

Et le chef entendit le nom de M. Melven s'échapper d'une bouche mourante. Le blessé n'ajouta rien, soit que ce sentiment lui fût trop pénible, soit que ses forces s'épuisassent avec son sang.

« M. Melven! dit Bonaventure d'une voix sombre. Le digne homme sera vengé, et mes braves enfans aussi. Je prends Dieu et la sainte Vierge à témoin du vœu que je fais en ce moment : Je jure de ne prendre pour nourriture que du pain noir et de l'eau, tant que je n'aurai pas lavé par le sang de l'apostat le pied même de l'autel où a coulé le sang de notre Seigneur mêlé à celui de son prêtre. J'en jure par le salut de mon âme! s'écria-t-il en frappant la terre du pied comme un taureau prêt à combattre; j'en jure par cette étole qui flotte sur mon bras et par le sang qui en dégoutte! » Et le chef continua pendant vingt minutes sa course harassante; il traversa la grande route, et suivant un sentier à gauche, il s'engagea dans un petit vallon éloigné de toute habitation. Il était trop loin du quartier pour y porter le vieillard, qui d'ailleurs ne donnait plus dans ce moment aucun signe de vie.

Au milieu de la vallée et à peu de distance

de la rivière dont la nappe unie, couverte de nénuphars et de renoncules aquatiques, n'est interrompue de distance en distance que par quelques barrages de pêcheurs, dans la partie la plus sévère de ce monotone paysage, s'élève un *dolmen* aux larges faces barbues de mousse.

Après le coucher du soleil, les paysans des environs évitent et redoutent ce lieu protégé par de grands fantômes, selon les uns, et qui, suivant les autres, sert de gîte au lièvre blanc, animal sacré, voué au culte des ruines et à la garde du trésor qu'elles recèlent (1). Aussi,

---

(1) Sous plusieurs de ces monolithes, colonnes éternelles de tombeaux inconnus, l'on trouve, en effet, des armes, des haches en pierre, des urnes grossières et quelquefois des objets d'un usage ignoré. Seize colliers d'or ont été ainsi découverts dans le département d'Ile-et-Villaine, et l'administration n'est malheureusement pas intervenue assez

rarement viennent-ils se mettre à l'abri de l'orage sous l'excavation profonde formée pas les trois piliers massifs et le monolithe qui les recouvre.

Bonaventure ne l'ignorait pas : il s'arrêta court, saisi par une pensée soudaine.

« Voici qui sera bon, dit-il, pour le cacher s'il est encore vivant, ou pour lui servir de tombeau s'il est déjà mort. » Puis il déposa son fardeau sous la pierre du sacri-

---

à temps pour empêcher la fonte de ces précieux débris. Un jeune amateur a fouillé avec plus de profit pour la science une *meinhir* des environs de Pont-Aven, canton où ces monumens sont assez multipliés pour laisser croire au voyageur qu'il se trouve au milieu d'un vaste *carneillou* (champ funéraire) : à quelques pieds sous terre, on a découvert sous une couche de briques assez semblables aux tuiles romaines, un buste d'homme grossièrement sculpté en relief dans un bloc de granit.

fice ; et mettant la main sur le cœur du prêtre :

— « Tout est fini pour celui-ci, dit-il ; songeons maintenant à ceux qui survivent. » Et il reprit le chemin de la carrière, qui servait de point de ralliement à la bande dans toutes les circonstances imprévues.

Le capitaine Florent, de son côté, médiocrement satisfait d'une expédition qui n'avait réalisé qu'en partie ses espérances, s'était, à l'issue du combat, rendu au presbytère. Il trouva M. Melven dans un état d'exaltation qui contrastait avec sa tristesse et sa réserve habituelles; mais en contemplant ses joues ardentes, et en voyant près de lui une bouteille d'eau-de-vie à moitié vide, l'officier comprit à quelle ressource il avait eu recours pour s'étourdir durant des heures d'angoisses. Le capitaine lui enjoignit de l'accompagner sur le champ au Faouët, pour rendre compte au district des faits qui s'étaient passés, et dont il avait eu connaissance personnelle. M. Melven n'était pas en mesure de faire des objections; aussi monta-t-il machinalement sur le cheval qui lui fut amené. Le malheureux n'avait plus désormais de ressort et de volonté propre ; c'était un être sans moralité, un automate dressé pour le crime.

Pendant que la petite troupe cheminait sur la route du Faouët, et que le citoyen Melven recevait les félicitations des rares jacobins qui dominaient alors cette petite ville, une grave délibération occupait la bande de Bonaventure.

Huit chouans arrivèrent successivement au quartier, et le chef annonça qu'une affaire d'importance exigeait qu'on formât de suite un conseil de guerre. L'attention, vivement excitée par ce début, redoubla quand André prit la parole et dit :

— « Nous venons de faire une mauvaise

journée, les gars; il nous faudra bien des recrues avant de remplacer les camarades qui sont couchés sans sépulture sur le placite de Saint-Guénolé, et que les bleus ont peut-être déjà coupés en morceaux comme des chiens.

« J'aurais mieux aimé finir tout de suite que de leur survivre, moi, et surtout à ce saint homme, du sang duquel je suis encore tout trempé, reprit-il en montrant, en effet, de larges taches rouges sur ses vêtemens; mais puisque Dieu ne l'a pas voulu, c'est qu'il me réserve pour vous venger, braves gens pour le repos de l'âme desquels nous ne pouvons plus même faire dire une messe. Le bon Dieu a permis que je connusse le nom de celui qui a révélé notre présence à la chapelle, qu'il tenait de la crédule confiance du pauvre M. Denmad. Enfans! quelle peine mérite cet homme?

— « La mort! s'écria-t-on d'une voix unanime.

— « Eh bien! il faut donc faire l'affaire de Melven?

— « Melven! Quoi! le jureur?

— « Lui-même; c'est lui qui nous a vendus. Je le tiens de M. Denmad, qui n'a jamais menti, et encore moins au moment de paraître devant Dieu.

« Voyons, délibérons : tout le monde est-il du même avis?

— « Oui! s'écria-t-on de toutes parts ; la mort d'abord et l'enfer après!

— « Cependant M. Melven est prêtre, dit en hésitant Yann-ar-Floc'h, et il est défendu de toucher aux prêtres.

— « Prêtre! répondit en clignant de l'œil le vieux Thomas de Kergreis, le doyen de la bande; dites-donc jureur, Yann.

— « Ça n'empêche pas, reprit celui-ci ; le

prêtre ne perd jamais son caractère, quelque crime qu'il commette.

— « Bah! laissez-donc ; vous voudriez nous faire croire qu'il a encore le pouvoir de consacrer, par hasard ?

— « Certainement, Thomas ; et si vous saviez mieux votre catéchisme, vous n'en douteriez pas.

— « Ne blasphémez pas ainsi, jeune homme ; avec toute votre lecture, vous pourriez très-mal finir. A qui persuaderez-vous que Dieu se donne la peine de descendre sur la terre à la voix d'un pareil scélérat ? Pour moi, je sais fort bien que les jureurs n'ont de pouvoir que sur les démons ; et j'ai entendu conter l'histoire d'une personne qui, après avoir reçu la communion de l'un d'eux, se sentit tout à coup possédée, et qui, après s'être traînée par terre comme un serpent, monta à la voûte de l'église, le long de laquelle elle courait les pieds en haut et la tête en bas. Dites après ça qu'il faut respecter de pareils êtres. »

Cet argument parut décisif, et Yann-ar-Floc'h lui-même n'osa pousser plus loin la controverse, par crainte de donner mauvaise opinion de son orthodoxie.

— « Il faut qu'il meure, et le plus vite possible ! répétait-on de toutes parts.

— « Sur ce point-là, les gars, reprit Bonaventure, je vous demande de vous en rapporter à moi. J'ai des raisons pour faire cette affaire moi-même, et comme je l'entendrai. Vous savez que le jureur ne quitte jamais son trou, et que nous ne pouvons pas prendre de force le presbytère, puisqu'il est protégé par le détachement : il faudra donc user de ruse, et vous devez savoir que Bonaventure n'a pas seulement une carabine à son service, dit-il en faisant sonner un trousseau de fausses clefs. Quant au lieu et au temps, ajouta-t-il d'un air sombre, ils sont fixés entre Dieu et moi. Le salut de mon âme y est engagé ; il faut que je rachette un serment terrible, au risque d'y laisser ma peau... J'aime mieux que le diable me prenne par ce bout-là que par l'autre... Frères ! la nuit sera sanglante ; je ne conseille pas à ceux qui aiment à entendre le râle d'un agonisant de se coucher ce soir sur leur paillasse ; ils peuvent veiller ; les corbeaux veilleront bien, eux, sûrs d'avoir de la chair fraîche demain matin.

« Si les âmes de nos camarades rôdent sur la terre jusqu'à ce que leurs corps soient enterrés, comme cela se dit quelquefois, il leur fera plaisir de ne pas partir seules et de ne pas attendre long-temps avant de commencer le grand voyage.

— « Tu roules dans ta tête, André, une

idée plus noire que tes grands yeux, dit le vieux Thomas ; tu as un cœur et un bras de fer, et tu arrêterais Belzébut au milieu de son bataillon cornu ; mais il finira par t'arriver malheur : prends garde de te brûler en approchant trop de la chandelle!

— « Ça ne regarde que moi, Thomas. Tout ce que je vous demande à vous autres, c'est de me tenir à minuit un bon bidet sellé à la petite porte du verger. Mais où diable restent donc Yvon et Pierre le Blëis? Vous verrez qu'ils se seront égarés! Ce ne sont pas, pensa-t-il, les deux plus honnêtes gens de la bande ; mais dans le métier que je fais, il ne faut pas être trop difficile. »

Bonaventure ne se trompait pas. Ces deux chouans, déserteurs d'un bataillon des Côtes-du-Nord, étrangers à la commune de Guiscriff, n'en connaissaient pas assez bien les localités pour retrouver la carrière qu'ils avaient quittée avant le jour, et traverser des villages peut-être occupés par l'ennemi ; aussi s'étaient-ils décidés, après la débâcle du matin, à se cacher aux environs de la grande route, dans une épaisse haie vive, en attendant la nuit. Cette circonstance donna lieu à un incident fort imprévu.

Après avoir fait leurs déclarations au comité révolutionnaire du Faouët, Florent et M. Melven s'étaient remis en route. Il fut convenu que le capitaine et le curé constitutionnel auraient chacun deux hommes d'escorte, et se suivraient à demi-heure d'intervalle, pour ôter à cette troupe toute apparence militaire.

M. Melven et les soldats se couvrirent en conséquence d'amples manteaux, et partirent les premiers. Le prêtre avait vivement appuyé cet arrangement, afin d'être seul et de se débarrasser de l'officier, qui avait repris avec lui un ton de persifflage poussé jusqu'à la cruauté.

Par une pluvieuse après-midi de novembre, M. Melven chevauchait donc, tremblant de la fièvre et la tête égarée dans un abîme de pensées incohérentes qui se succédaient et se chassaient l'une l'autre, comme les flots d'une mer agitée. Il n'avait plus aucune perception distincte, et la lucidité de son intelligence allait s'obscurcissant par degrés. Il y a dans le crime une sorte d'ivresse qui ne dure qu'autant qu'il faut pour affermir la main tremblante encore. M. Melven avait été quelque temps soutenu par cette exaltation, qu'une autre ivresse avait aussi contribué à prolonger; mais les dernières fumées de la passion, comme celles du vin, se dissipèrent sitôt qu'il fut en face des êtres abjects dont il reçut les félicitations, et dont il entendit la langue hideuse.

En voyant ces démons rire autour de lui, et coiffer sa tête sacerdotale du bonnet sanglant qui les désignait à l'exécration de la terre et du ciel, il avait ressenti une soudaine et profonde horreur de lui-même, qu'il ne pouvait traduire par aucun mot, exprimer par aucune pensée. Il éprouvait une souffrance indéfinissable et toujours croissante ; c'était à sentir échapper sa raison et à désirer devenir fou pour se dérober au supplice qui étreignait à la fois son corps et son âme.

Deux lieues séparent le Faouët du bourg de Guiscriff ; et M. Melven avait déjà franchi plus des deux tiers du chemin, quand, à la hauteur du village de Keranvel, il fut aperçu au sommet d'une longue côte par Yvon et Pierre le Bleïs, blottis dans un buisson.

A la vue de ces trois hommes, dont l'accoutrement paraissait de loin fort pacifique, l'imagination des deux vauriens s'enflamma : ils crurent l'occasion propice pour les détrousser, œuvre facile à des gaillards armés jusqu'aux dents. Cette bonne pensée fut à peine conçue qu'ils se mirent en devoir de l'exécuter, et que, se présentant au bas de la descente, ils couchèrent en joue les voyageurs à très-petite portée, après avoir poussé un sifflement aigu pour laisser croire qu'ils étaient l'avant-garde d'une bande plus considérable.

Cette attaque ne réussit pas en tous points, car le mouvement des soldats laissant apercevoir leur uniforme, les assaillans partagèrent bientôt la panique qu'ils avaient eux-mêmes inspirée. Ils lâchèrent leurs coups de feu et disparurent rapidement ; mais une balle atteignit à la jambe le cheval de M. Melven ; et ses deux compagnons, persuadés qu'ils allaient avoir sur les bras la bande entière, n'attendirent pas une seconde décharge pour se replier au grand galop sur l'escorte du capitaine.

M. Melven, un instant renversé sous sa monture, parvint vite à se dégager; mais il n'osa suivre la grande route, où il se fût trouvé partout en vue. Il prit donc sa course par un chemin détourné qui conduisait à un fourré de genets.

Il marchait fort vite, car le danger venait de réveiller son âme et de rendre du mouvement à son sang. Il échappait aux hallucinations de son cerveau malade, en se trouvant en face d'un péril réel et imminent. C'était la première fois, depuis le bouleversement de sa conscience, que l'idée de la mort s'était distinctement offerte à lui, et cette idée le saisit d'une horreur subite. Il courait à perdre haleine, tournant les yeux de tous côtés, l'oreille au guet du moindre bruit. Les tronçons de chênes écouronnés, dispersés çà et là dans le vallon, se revêtaient pour lui de formes menaçantes, et le bruissement du vent dans la fougère lui rappelait le sifflement aigu qu'il croyait entendre encore. Il arriva haletant jusqu'au *dolmen* de *Minianet*, assis comme un trône de granit au fond d'une vallée solitaire dont les coteaux formaient une sorte d'amphithéâtre qu'un peuple immense avait couvert en d'autres siècles.

Parvenu au pied du monument, M. Melven crut entrevoir dans le lointain un groupe d'hommes armés : c'étaient quelques arbres rabougris dont le vent agitait les cîmes. N'osant avancer, osant encore moins retourner sur ses pas, et sentant son cœur défaillir, l'idée lui vint de se cacher sous le mystérieux autel; et aussitôt, abaissant la tête, il s'élança entre deux piliers massifs ; mais le pied lui glissa dans le sang, et il tomba face à face avec ce qui aurait semblé un cadavre, si de rares paroles et quelques mouvemens n'avaient témoigné que la vie n'était pas encore éteinte.

Quand l'âme condamnée se sépare de sa dépouille mortelle pour entrer au séjour des douleurs sans fin, elle éprouve sans doute une horreur analogue à celle que ressentit M. Melven en découvrant le pâle visage de l'abbé Denmad, sous le costume sacerdotal qui lui servait alors de linceul.

Le vieillard considéra quelque temps avec l'immobilité de l'épouvante et de la mort, l'être qui se tenait à ses pieds, droit et fixe comme la statue d'un tombeau.

— « Quel est cet homme ? dit-il enfin. Je rêve sans doute, ma tête s'égare ; ce ne peut être lui... Ce n'est pas vous, n'est-ce pas, monsieur Melven? Que viendriez-vous faire ici? Viendriez-vous avec vos soldats pour m'achever? ou bien, ô mon Dieu! lui auriez-vous envoyé la bonne pensée de me porter quelques secours au dernier moment?... Ah! je vous bénirais, monsieur, si vous aviez eu cette idée-là ; je vous pardonnerais du fond de mon cœur tout ce qui s'est passé ; je vous regarderais comme le sauveur de mon âme, qui sans vous mourrait dans son péché!... Oh! dites-moi, je vous en prie, pour l'amour de Dieu, que c'est là ce qui vous conduit ici! »

Mais M. Melven demeurait sans voix, et portait de temps à autre à son front une main convulsive, comme pour s'arracher la cervelle.

L'abbé Denmad reprit :

— « Vous souffrez, monsieur; vous souffrez beaucoup : je le vois bien, quoique vous ne me répondiez pas. Ah! calmez-vous, soyez tranquille, je vous pardonne bien volontiers si vous ne m'en voulez plus, si vous revenez à Dieu et à vos devoirs. L'homme est faible, mon enfant, et c'est pour les pécheurs que notre Sauveur a tant souffert dans sa Passion... J'ai réfléchi, depuis que je suis ici à me débattre contre la mort, sans savoir quand ni comment j'y ai été transporté ; j'ai réfléchi que j'avais pu avoir moi-même bien des torts envers vous.

— « Monsieur Denmad, dit enfin M. Melven en sanglottant, au nom de Dieu ! ne dites pas cela, vous me tuez.

— « Pourquoi donc, mon fils ? Croyez-vous que je ne sois pas coupable aussi de bien des fautes, de bien des désirs de vengeance peut-être ? Hélas ! j'ai été bien faible dans mes épreuves, et j'ai mal correspondu aux grâces que Dieu m'a faites.

« Mais je sens que mes forces s'épuisent,

bientôt je ne pourrai plus parler. Je ne vous vois plus, je vous entends à peine. Ecoutez donc vite ma confession, et envoyez-moi absous devant le Souverain-Juge. »

A ces mots, M. Melven se redressa tout droit, et regardant le moribond d'un œil hagard :

— «Vous voulez que je vous confesse, que je vous absolve, moi!...

— « Oui, je vous le demande au nom de Jésus-Christ.

— « A moi, l'excommunié! à moi, l'assassin!...

— « Pour ce qui me regarde, je vous pardonne, monsieur, comme je prie Dieu de me pardonner à moi-même, et vous savez que l'Eglise n'interdit à aucun prêtre d'exercer son ministère à l'article de la mort (1).

(1) Les prêtres en état de suspense et d'ex-

— « Mais c'est une cruelle plaisanterie. Qui suis-je pour effacer les crimes des autres, moi, misérable!... Mes paroles ont perdu leur puissance; elles attireraient la colère de Dieu sur votre tête. Je ne suis plus prêtre, monsieur; je ne crois plus.....

— « Que Dieu vous fasse miséricorde, malheureux! mais répétez-les toujours ces paroles qui ouvrent les portes de l'éternité, même prononcées par une bouche indigne. Ecoutez-moi donc, au nom de Dieu! écoutez-moi, car je sens que le froid gagne mon cœur. »

Et, sans continuer un inutile colloque, le vieillard, lentement et avec effort, déposa dans la conscience de M. Melven tous les secrets de la sienne. Celui-ci restait immo-

communication peuvent absoudre *in articulo mortis*.

bile et muet; mais quand il eut compris que ce n'était point un rêve, et qu'il était bien là confessant l'abbé Denmad, l'abbé Denmad qu'il avait trahi, l'abbé Denmad qu'il avait assassiné; quand la certitude de toutes ces choses fut devenue plus complète, il finit par écouter attentivement les paroles de l'agonisant; puis il prononça d'une voix assez ferme la mystique formule qui délie dans le ciel comme sur la terre.

Un éclair de vie vint alors ranimer le vieillard tout joyeux.

— « Béni sois-tu, dit-il, pour avoir pris pitié de moi! Je te dois bien de la reconnaissance, ô mon fils! Qu'est-ce que la vie que tu m'as ôtée, auprès de l'éternité que tu me donnes? »

Pendant quelques minutes, M. Melven resta penché près du mourant. Il se releva tout à coup : ses yeux, où de grosses larmes commençaient à rouler, reprirent soudain une expression farouche; sa bouche grimaça comme celle d'un torturé sous la roue : c'est qu'une autre personne était debout à ses côtés.

Arrivés au bas de la côte de Keranvel, le capitaine Florent et son escorte mirent pied à terre, et suivirent le sentier que l'un des soldats avait vu prendre à M. Melven. Ils parvinrent bientôt auprès du *dolmen*, et l'officier crut entendre quelques paroles s'échapper de dessous la pierre druidique. En apercevant M. Melven, il poussa un grand éclat de rire.

— « Ah! comme vous voilà blotti là; plaisant gîte à lièvre, en effet! Qui diable a donc pu vous conduire sous cette pierre? Mais j'aperçois du sang, je crois! seriez-vous blessé? »

L'abbé Melven, sans répondre, se détourna pour laisser voir au capitaine le cadavre agité des dernières convulsions.

— « Un costume de prêtre ensanglanté! dit Florent. Eh mais! c'est notre prédicateur de Saint-Guénolé. Vous êtes un fin limier, l'abbé; les morts mêmes ne vous échappent pas... Est-il mort plutôt? On le dirait, à voir ses yeux de verre et ses paupières dilatées.

« Mais, ajouta-il en se penchant plus près du corps, je ne me trompe pas; j'ai vu cette figure quelque part. Etait-ce dans un mauvais songe, dans quelque nuit de souffrance, ou bien entre les flammes d'un bol de punch et les voluptés de l'ivresse?..... Non, non; c'était au milieu de l'orage : il m'a parlé, cet homme, pendant que le tonnerre grondait sur nos têtes; il m'a dit quelque chose... C'est étrange! il était immobile comme aujourd'hui ; et s'il n'était couvert de sang, je croirais que ma seule présence le jette dans cet état voisin de la mort. »

En cet instant l'agonisant s'agita avec violence, et prononça fort distinctement ces mots : *Vade Satanas;* puis il se retourna comme un enfant pour dormir.

« Il vous prend pour Satan, » dit M. Melven en regardant le capitaine jusqu'au fond de l'âme.

Florent se releva sans répondre, fit à plusieurs reprises et à grands pas le tour du large *dolmen*, tandis que l'ecclésiastique, alongé près du cadavre, épiait la dernière lueur du flambeau prêt à s'éteindre. Quelques instans se passèrent ainsi dans le silence, au bout desquels il crut entendre le moribond murmurer : *In manus tuas, Domine, commendo spiritum meum.* Mais ces paroles, commencées sur la terre, furent achevées dans le ciel.

« Tout est fini, dit M. Melven en se cachant la tête dans les mains et en quittant le monument funèbre.

— « Oui, pour lui, reprit Florent en frappant sur l'épaule de l'ecclésiastique; mais quant à vous, citoyen, votre rôle commence... Je me flatte d'avoir bien secondé vos patriotiques intentions. Allons, élevez-vous à la hauteur de votre personnage. Vous êtes le Brutus des calottins; c'est à les réhabiliter à tout jamais, par ma foi; et la Convention nationale n'est pas juste si elle ne vous décerne une couronne civique. Votre nom appartient désormais à la renommée. Dès ce moment, et en attendant mieux, je vous intronise seul et légitime curé de Guiscriff. »

Il passait en parlant ainsi, au cou de M. Melven, l'étole sanglante qui gisait près du cadavre.

Un tremblement nerveux saisit alors l'ecclésiastique, et tout son corps frissonna comme s'il eût été marqué de la main du bourreau. Il arracha l'étole; et regardant en face le capitaine, devant lequel il avait jusque-là baissé les yeux, il lui dit avec calme :

« Il est vrai que je suis damné; mais ce n'est pas à vous à me le dire. Je suis damné, mais vous l'êtes comme moi; et s'il était des supplices plus affreux que ceux qui me sont destinés, ces supplices seraient pour vous, qui, en vous montrant à moi, avez diminué l'horreur que je concevais de moi-même. Vous avez refoulé les remords dans mon âme; vous avez desséché par le souffle de votre parole les bons mouvemens que le Ciel m'envoyait encore; vous avez tari la source de pleurs qui auraient peut-être lavé mon crime. Oh! oui, tu m'as perdu, malheureux! et tu ris maintenant d'un rire de démon en voyant ton œuvre. Mais un bonheur me reste, et celui-là, Dieu, dans sa toute-puissance, ne pourrait me l'arracher : c'est de rire aussi en te voyant souffrir à mes côtés tout ce que je souffrirai moi-même.

« Malédiction sur nous deux! » ajouta-t-il en s'enfuyant à travers la campagne.

Il courut à perdre haleine pendant près d'une heure avant de regagner le bourg. Une jeune fille interrompit, pour le regarder passer, la complainte de la belle Aës qu'elle chantait en ramenant les vaches à l'étable; et des laboureurs qui l'aperçurent à la chute du jour, gesticulant avec violence et poussant par moment des cris sauvages, se dirent que le jureur était sans doute possédé, et que le jour de la justice de Dieu était proche.

XII

Il était à peu près nuit quand M. Melven rentra au presbytère. Son agitation était telle, qu'il ne prit pas garde au passage de deux gendarmes sortant de la maison Guiader, dont les habitans avaient disparu assez tôt pour se dérober au mandat d'arrêt décerné contre eux.

Cette course désordonnée avait épuisé les forces de l'ecclésiastique, sans rendre le calme à son âme. Aussi, quand la vieille Saïc l'aperçut les yeux hors de la tête, les joues blanches et tièdes de sueur, elle crut que son maître allait se trouver mal. Mais un *laissez-moi,* prononcé d'un ton bref, coupa court aux questions de la *carabacen :* elle ne fut pas plus heureuse en annonçant que la bouillie était prête : *Je ne veux rien,* fut la seule réponse de M. Melven. Saïc, n'espérant plus en son insistance, regagna en boitant son gîte, situé dans la partie la plus reculée de la maison; et M. Melven, après avoir ordonné de fermer la porte et de n'ouvrir à qui que ce fût, surtout au capitaine, dans le cas où il se présenterait, monta dans sa chambre, et tomba presque sans connaissance sur son fauteuil.

La nuit était close quand il sortit de cet anéantissement. Un silence profond enveloppait alors le presbytère. Il avait plu durant tout le jour ; mais en ce moment le ciel était pur quoique sombre, et sur le fond noir de l'horizon quelques étoiles se détachaient comme des lampes d'or sur une tenture funéraire.

Aucun bruit dans le ciel ni sur la terre : seulement un air froid et pénétrant qui resserrait les pores et provoquait un frissonnement intérieur.

M. Melven mit la tête à la fenêtre, et contempla long-temps ce paysage où l'œil ne rencontrait plus que de grandes masses indistinctes. Mais la majesté calme de ce spectacle opéra sur lui un effet contraire au soulagement qu'il en attendait peut-être. L'impassibilité de la nature est une raillerie pour l'âme qui souffre ; et en voyant la lune briller par intervalle et disparaître comme un ange caché derrière un rideau de nuages, il semblait à ce cœur oppressé que ces pompes du ciel et de la nuit étaient cruelles, alors que Dieu venait de rayer du livre éternel le nom d'une de ses créatures.

Le malheureux sentait la damnation le saisir d'un bras d'airain, et n'essayait pas même de se débattre contre un sort qui lui semblait aussi juste qu'irrévocable. Cet homme avait épuisé la coupe de toutes les douleurs ; et loin d'y trouver le pardon de ses fautes, le désespoir était resté pour lui au fond du vase. Il avait d'abord expérimenté tout ce qu'il y a de poignant dans le remords, puis dans le doute : il en était venu à jouer à croix ou pile les plus redoutables problêmes, à confier à un coup de dé l'immortalité de son âme. Mais cette situation, où s'établissent quelquefois des esprits sans ressort, avait été pour M. Melven rapide et transitoire. A peine était-il arrivé à traduire en actes ses pensées fluctueuses, qu'une révélation instantanée lui avait rendu la conscience de son crime, en même temps qu'il acquérait la conviction de son irrémissibilité.

Les félicitations qu'il avait dû subir, et qui l'avaient flétri comme les baisers d'une prostituée souillent un front encore pudique, le spectacle auquel la Providence venait de le convier, les dernières paroles du juste, entré dans la mort comme dans un sommeil, le son même de sa propre voix quand il fit descendre le pardon sur la tête de sa victime, tout, dans la journée qui venait de s'écouler, avait contribué à dissiper les nuages amoncelés entre sa conscience et sa foi.

Il croyait maintenant; il adhérait à la vérité de toutes les puissances de son être ; il avait une vision claire et fatale de Dieu et de l'éternité. Mais ce Dieu lui apparaissait armé de foudres, et sa tête tournoyait au-dessus du gouffre d'où s'exhalent les plaintes sans espoir des générations entassées. Le prêtre catholique est mieux préparé que le reste des hommes à concevoir cette idée de l'éternité devant laquelle notre faible cœur défaille, incapable de la rejeter comme de l'admettre. Sa vie, qui s'écoule dans une région supérieure à nos affections passagères, le met dès ici-bas en présence de l'univers immuable, et le prêtre rappelle ce personnage du Dante, dont le corps seul se mouvait en ce monde, tandis que son âme vivait dans l'autre.

M. Melven était abîmé dans cette désespérante contemplation, et les images à l'aide desquelles il avait souvent tenté de faire concevoir l'éternité à ses auditeurs tremblans, revenaient assiéger sa mémoire, tels que d'implacables fantômes. C'étaient des siècles multipliés comme les sables de la mer, comme les étoiles du ciel, comme les feuilles des forêts, et après la consommation desquels la justice divine ne serait pas plus satisfaite qu'au premier jour. A son oreille tintaient, comme un glas funèbre, ces strophes sauvages où toutes les souffrances de l'être organisé sont décrites avec une épouvantable minutie d'anatomiste : chants d'horreur, où Dieu lui-même devient le bourreau, et l'éternité la roue sanglante qui presse et déchire des membres palpitans (1). Le ver-

(1) *Voyez*, dans la *Revue des deux Mondes* (décembre 1834), la traduction de l'un de ces cantiques sur l'enfer, donnée par M. Emile Souvestre,

tige lui montait à la tête en se voyant ainsi noyé dans l'océan des êtres et dans cet abîme de douleurs; ses dents craquaient et ses os semblaient se briser dans cette lutte de la nature contre l'infini.

Quelquefois le souvenir des miséricordieuses paroles de M. Denmad pénétrait cette âme débordée par le désespoir; mais la tempête était trop forte pour que ce faible rayon ne fût pas promptement éteint. L'espérance est une vertu surnaturelle aussi bien que la foi; et dans certaines situations de l'âme, il est aussi difficile de croire à l'infinité des miséricordes de Dieu qu'à l'infinité de ses perfections.

qui aime et sent la Bretagne comme un fils et comme un poète, et auquel on doit en ce moment une édition nouvelle et fort augmentée du *Voyage dans le Finistère,* de M. Cambry.

Ce n'était pas l'idée d'avoir trahi la naïve confiance d'un vieillard son bienfaiteur, ou d'avoir fomenté un amour sacrilége qui livrait ainsi cette âme à tous les supplices de l'enfer : l'exercice du ministère sacré lui avait appris qu'il est des pardons pour toutes les faiblesses de l'homme ; mais son crime à lui était le crime sans nom, une de ces grandes iniquités que n'expient pas les prières des justes, et qui appellent le feu du ciel.

« Il n'est pas plus de pardon pour moi que pour Judas, se disait-il, car j'ai reçu le prix du sang et j'ai touché au christ de Dieu. Prêtre, j'ai tué un prêtre ; la malédiction de Caïn est sur moi, elle est écrite sur mon front, elle me brûle ! »

En ce moment la voix d'un chien qui aboyait dans le verger vint frapper son oreille et lui causa soudain un soulagement inexprimable. Ce bruit l'arrachant aux terribles méditations qu'avait entretenues jusqu'alors le profond silence de la nature et de la nuit, il se retrouva sur la terre; car c'était la voix d'un chien qu'il aimait, qu'il caressait souvent et qui lui rendait ses caresses. Ce souvenir rouvrit dans son cœur la source des larmes, et il en versa d'abondantes. L'oreille collée à la croisée, pendant que ses ongles grattaient les vitres enduites d'une légère couche de givre, il entendit le chien redoubler ses aboiemens; mais ils furent bientôt suivis d'une plainte lente, et tout rentra dans le calme.

M. Melven resta quelque temps debout à la même place; mais, n'entendant plus rien, il revint contempler les jets pâlissans de la flamme qui se mourait dans le foyer. Ce dernier cri lui causa plus de mal que l'aboiement vif et perçant du chien ne lui avait d'abord fait de bien : il lui sembla que cet animal refusait aussi de faire entendre sa voix à son maître; et puis il y avait dans ce long hurlement quelque chose de douloureux qui, en un autre temps, aurait excité ses inquiétudes. Mais sa pensée prit bientôt un autre cours, et se reporta, par d'insaisissables transitions, vers les jours de son enfance écoulée dans le château de Kersulio, au bord des grands étangs et sous l'ombre des bois de chênes; puis vinrent à la file, comme une procession pieuse, les souvenirs du séminaire, des premières joies de la prêtrise, et de tout ce bonheur que le monde ne connaît pas, et qui, en enivrant l'âme, passe jusque dans les sens.

Cependant, ces rafraîchissantes pensées étaient à peine conçues qu'une horrible image se levait au milieu d'elles, et restait seule en face du malheureux terrifié. Il entendait un râle d'agonie; il lui semblait tenir entre ses bras un froid cadavre : alors un mortel frisson figeait son sang, et ses lèvres contractées laissaient à peine passer son haleine.

Un instant il crut entendre un bruit pareil au craquement d'une porte qui cède, et qu'on pousserait avec précaution ; mais dans l'état où se trouvait alors M. Melven, il n'était accessible qu'aux terreurs surnaturelles, et point à celles qui pouvaient menacer sa sûreté : aussi ne prit-il pas garde à ce bruit, quoiqu'il se fît entendre encore.

L'ecclésiastique, adossé à la cheminée, les bras croisés et les yeux fixes, considérait la large croix qui se distinguait à peine dans le fond le plus obscur de l'appartement. En la contemplant long-temps, il lui sembla que le Christ attachait peu à peu sur lui ses regards mourans ; que sa tête, tout à l'heure courbée, se relevait avec lenteur, et qu'il faisait un mouvement comme pour se détacher de l'instrument du supplice et s'avancer vers lui.

M. Melven, collé au mur, s'y serrait de plus en plus, et ses genoux tremblans se dérobaient sous lui.

Un bruit qui en ce moment se fit plus distinctement entendre à l'extrémité de l'appartement, rendit la fascination plus indomptable encore, en y associant tous ses sens. Au moment où une main forte s'appuya sur son épaule, M. Melven tomba à genoux en criant avec effort : « Pardon, mon Dieu! pardon! »

Le son de sa voix lui fit retrouver quelque connaissance, sans le rendre pleinement encore à toute la vérité de sa situation. A ses côtés se tenait un homme enveloppé d'un large manteau de camelot blanc, serré à la taille par une ceinture de cuir où brillaient deux pistolets et un poignard.

— « Vous allez me suivre, monsieur, » dit-il à l'ecclésiastique.

Ce ne fut qu'au bout de quelques instans que M. Melven comprit bien le sens de ces paroles.

L'être qui s'introduisait ainsi près de lui ne lui sembla pas d'abord appartenir à l'humanité. L'injonction de sortir fut bientôt répétée d'une voix ferme; et l'inconnu pressa d'une main nerveuse le bras de M. Melven, comme pour prévenir toute résistance. Celui-ci le suivit alors avec le calme et l'impassibilité d'un somnambule.

Il traversa l'appartement et descendit l'escalier sans songer même à appeler du secours, que la sourde et boiteuse *carabacen* se fût d'ailleurs trouvée dans l'impossibilité de lui donner. Son guide marchait le premier, lui tenant toujours le bras sans mot dire. Le silence de l'ecclésiastique était d'une nature si étrange, sa docilité machinale semblait si bizarre, que Bonaventure commença à soupçonner la possibilité d'une surprise ; aussi avait-il à la main un pistolet chargé, et rejeta-t-il sur ses épaules les pans de son manteau, pour être prêt à faire usage de son poignard bien affilé.

Arrivés dans la cour, M. Melven et son guide longèrent le mur du jardin, et Bonaventure dit à voix basse :

— « Par ici, monsieur ; si vous criez, vous êtes mort ! » Mais il fut bientôt rassuré en apercevant sous la lumière de la lune, qui se levait alors, le visage immobile et les yeux sans regard de l'ecclésiastique.

Cependant, l'influence d'un air vif et froid parut lui rendre peu à peu la conscience de sa position ; et quand, au pied des marches conduisant du jardin au verger, il découvrit un chien baigné dans son sang, il fit un mouvement d'horreur qui n'échappa point au chef.

Au moment de franchir la porte donnant sur la campagne, il retourna vivement la tête; et arrêtant enfin ses yeux sur ceux de Bonaventure:

— « Où me conduisez-vous? lui dit-il.

— « A la chapelle de Saint-Guénolé, reprit celui-ci en appuyant le bout d'un pistolet sur la poitrine de M. Melven. Vous la connaissez, n'est-ce pas, cette chapelle? »

Ce nom et ce souvenir semblèrent rejeter le malheureux dans le monde fantastique dont son esprit se dégageait avec tant de peine. Il baissa la tête; et sans faire plus de résistance que le condamné remis aux mains de l'exécuteur, il suivit son guide pendant l'espace d'environ cent pas. Parvenu à un bosquet de houx, un cheval leur fut présenté par un paysan, auquel le chef dit quelques mots à voix basse.

Avant que M. Melven se fût rendu un compte bien distinct de cette scène, il se trouvait à cheval, Bonaventure en croupe derrière lui. L'animal s'élança ventre à terre, comme s'il eût dévoré l'espace. M. Melven, enlacé dans deux bras vigoureux, ne faisait pas un geste, ne poussait pas une plainte. A voir ses vêtemens débraillés, sa tête nue, où le vent agitait les restes de sa chevelure, on eût dit un cadavre emporté par un assassin, plutôt qu'un être appartenant encore au monde des vivans.

Le cheval galopa une demi-heure sur la route du Faouët. Il n'était pas loin du détour qui conduit à Saint-Guénolé, lorsqu'un groupe de paysans parut tout à coup sur le chemin. Ils sortaient du village de Keranvel, où l'on avait célébré le jour même la *fête de l'armoire,* cérémonie qui précède toujours en Bretagne l'entrée de la jeune épouse au domicile de son époux. Les deux partis s'étaient livrés à des luttes joyeuses autour du meuble symbolique; les chantres, qui gardent les traditions des bardes armoricains, avaient longuement improvisé les louanges des deux époux; on avait long-temps bu et mangé sur l'armoire, selon l'usage, avant qu'elle ne franchît le seuil du logis conjugal, et les conviés revenaient, de nuit, ivres ou à peu près. Un *biniou,* transi de froid, soufflait de temps à autre dans son outre de cuir quelques cadences de *gavottes,* interrompues par les *youaden* de la bande envinée.

— « Entends-tu, dit l'un des paysans à son voisin, qui s'appuyait en chancelant sur son épaule; entends-tu ce bruit qui vient vers nous? On dirait le tonnerre dans les montagnes d'Arhé.

— « C'est le galop d'un cheval.

— « Oui, dit l'un, et j'aperçois le cavalier.

— « Ce ne peut être qu'un meunier en ribotte qui aille de ce train-là à pareille heure.

— « C'est un gendarme, reprit un autre; ne vois-tu pas son grand manteau déployé?

— « Ce n'est point un meunier, ce n'est point un gendarme, s'écria bientôt un troisième interlocuteur ; regardez plutôt ce qu'il porte devant lui !... »

En cet instant, Bonaventure traversa le groupe avec la rapidité de l'éclair. Comme il passait au milieu des paysans ébahis, il s'écria d'une voix dont nul accent humain ne saurait rendre l'effet terrible:

« Priez Dieu pour l'âme du curé Melven! »

Cette injonction ne fut pas vaine, car ceux d'entre les villageois qui ne s'enfuirent pas à perdre haleine tombèrent à genoux, et récitèrent le *De profundis* pour le jureur, dont ils venaient de voir le diable emporter l'âme.

Cependant Bonaventure disparut dans la traverse qui conduit à la chapelle; et arrivé à l'entrée du frostage, il poussa un cri auquel un sifflet aigu répondit. Le chef fut bientôt entouré de plusieurs hommes de sa bande, qui descendirent M. Melven, et le menèrent dans la chapelle.

Ce fut alors que celui-ci vit clairement que, s'il était encore sur cette terre, il allait bientôt la quitter. Les injures des chouans, les imprécations qui retentissaient de toutes parts lui firent comprendre son sort, et cette révélation ne lui fut pas pénible. Il souffrait tant qu'il embrassa la mort comme une dernière espérance, et que cette idée qui l'aurait tué quelques heures auparavant, alors que son esprit était penché sur l'abîme de l'éternité, lui apparut alors comme revêtue d'une sorte de douceur. Et puis un indéfinissable espoir éclaira le fond de cette âme presque éteinte : ce sang pourrait laver un autre sang ; cette mort pourrait en expier une autre ; peut-être ne lui était-il pas interdit de participer encore à l'immensité des miséricordes divines. Il lui revint en mémoire qu'il avait été dit que Judas même eût été sauvé par le sacrifice du Calvaire, s'il n'avait pas désespéré.

L'ange des dernières pensées s'abaissa sans doute en cet instant suprême sur l'âme du malheureux, car une paix soudaine remplaça la tempête qui l'avait brisé jusque-là. Sorti de son impassibilité d'automate, il écoutait avec calme les cris de mort retentissant autour de lui.

— « Tu vas passer un mauvais quart-d'heure, jureur, mon ami! disait l'un.

— « Puisque tu es bien avec le diable, prie-le de venir te tirer d'entre nos mains! disait l'autre.

— « Qu'il paraisse, ton maître! s'écriait un troisième en coulant deux balles dans le canon de sa carabine, et je le défie d'empêcher tout à l'heure mon plomb de faire connaissance avec ta cervelle! »

Mais Bonaventure, d'un geste impérieux, imposa silence à ses hommes.

— « Ne le troublez pas, dit-il, dans un moment dont va dépendre son éternité. »

Puis se plaçant à quelques pas de l'ecclésiastique, sur la marche la plus élevée de l'autel, il dit d'un ton lent et grave:

— « Jean Melven, soi-disant curé de Guiscriff, coupable de sacrilége et d'assassinat, le conseil de la 4ᵉ division de l'armée royale vous condamne à la peine de mort.

— « Quand dois-je mourir? dit M. Melven.

— « A l'instant même, et au pied de cet autel. On vous accorde seulement cinq minutes pour recommander à Dieu votre pauvre âme.

— « Merci! » dit-il en tombant à genoux.

Dieu sait ce qui se passa entre lui et l'une de ses créatures ; la seule chose que sachent les hommes, c'est que M. Melven se releva bientôt, et dit en regardant Bonaventure :

« Je suis prêt... Miséricorde, ô mon Dieu!!!... »

Ce furent ses dernières paroles, comme un signe de croix inachevé fut son dernier mouvement.

Dix ans après, à pareil jour, une pieuse cérémonie avait lieu aux ruines de la chapelle de Saint-Guénolé, par les soins d'Ursule Guiader, qui habitait le château délabré avec Mlle de Kersulio, qu'elle était parvenue à rejoindre après des dangers inouïs.

Pendant deux ans, Ursule et ses trois enfans avaient mené la vie errante des chouans; et ce ne fut qu'à la fin de 1796, après la mort de son mari, tué au château de Brétigny, dernier asile du comte de Puisaye, qu'elle réussit à gagner Jersey, où résidait sa jeune maîtresse. A la pacification, Mlle de Kersulio, qui avait perdu son père et sa mère dans l'exil, vint habiter le vieux manoir. Il n'avait pas été vendu, quoique tous les domaines qui en dépendaient autrefois l'eussent été.

Cette vaste demeure, jadis pleine d'opulence et de bruit, semblait plus vaste encore dans la solitude de ses appartemens et la désolation de ses jardins et de ses cours abandonnés. Au milieu de ces ruines, deux femmes, jeunes et belles encore, vivaient de leurs souvenirs, et mangeaient le pain de leurs larmes.

Les restes de l'abbé Denmad avaient été transportés dans la chapelle de son patron ; et à l'anniversaire du 4 novembre, deux tombes y furent scellées l'une à côté de l'autre. Sur la première on lisait, en caractères grossièrement façonnés par un maçon de campagne, ce verset du psaume des morts :

SUSTINUIT ANIMA MEA IN VERBO EJUS,
SPERAVIT ANIMA MEA IN DOMINO.

Sur l'autre tombe on lisait :

APUD DOMINUM MISERICORDIA,
ET COPIOSA APUD EUM REDEMPTIO.

En cette même année 1805, le capitaine

Florent s'appelait le *général comte Florent*. Il venait d'être nommé chambellan de S. M. l'Empereur et membre du Sénat conservateur.

www.ingramcontent.com/pod-product-compliance
Lightning Source LLC
Chambersburg PA
CBHW050433170426
43201CB00008B/654